新时代数字政府建设

使命、发展与未来

莫宏波◎编著

人民邮电出版社

北 京

图书在版编目（ＣＩＰ）数据

新时代数字政府建设：使命、发展与未来 / 莫宏波
编著. -- 北京 ：人民邮电出版社，2023.2（2023.5重印）
ISBN 978-7-115-60436-1

Ⅰ．①新… Ⅱ．①莫… Ⅲ．①电子政务—研究 Ⅳ.
①D035-39

中国版本图书馆CIP数据核字(2022)第212955号

内 容 提 要

　　本书从数字政府建设实施的角度，介绍数字政府建设背景和现状，对新时代数字政府建设的新使命、新思路、新举措、新成效、新挑战、新未来进行了分析和阐述。本书以广东、浙江、上海等地为例，介绍了数字政府改革建设领域先行先试经验及先进案例，也对数字政府改革建设的未来方向进行了展望和预测。本书适合从事数字政府改革建设的决策者和实施者，以及社会各界积极参与数字经济和数字社会建设的从业者阅读。

◆　编　　著　莫宏波
　　责任编辑　李成蹊
　　责任印制　马振武
◆　人民邮电出版社出版发行　　北京市丰台区成寿寺路 11 号
　　邮编　100164　　电子邮件　315@ptpress.com.cn
　　网址　https://www.ptpress.com.cn
　　北京七彩京通数码快印有限公司印刷
◆　开本：720×960　　1/16
　　印张：13　　　　　　　　　2023 年 2 月第 1 版
　　字数：162 千字　　　　　　2023 年 5 月北京第 2 次印刷

定价：79.90 元
读者服务热线：(010)81055493　印装质量热线：(010)81055316
反盗版热线：(010)81055315
广告经营许可证：京东市监广登字 20170147 号

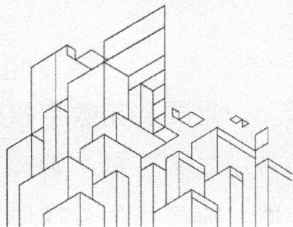

当前，新一轮科技革命和产业变革与我国加快推进国家治理体系和治理能力现代化形成历史性交汇。我国抢抓数字化发展机遇，积极推进各领域数字化改革，在数字政府、智慧城市、数字社会等方面建设成效显著，形成了一批特色鲜明、成效显著的数字治理新模式。数字政府建设对推动政府职能转变，更好满足人民日益增长的美好生活需要和更好优化营商环境具有重要意义，是推进国家治理体系和治理能力现代化的重要举措和有力支撑，是引领驱动数字经济发展和数字社会建设、加快数字化发展的必然要求。面对世界百年未有之大变局，我们必须在习近平新时代中国特色社会主义思想指引下，紧紧抓住数字化发展机遇，加快推动各领域数字化转型，充分释放数字化的放大、叠加、倍增效应，抢占新一轮发展制高点，牢牢把握时代主动权。

2022 年 6 月，《国务院关于加强数字政府建设的指导意见》就全面开创数字政府建设新局面作出部署，推动我国数字政府建设迈入统筹规划、规范发展的新阶段，同时也将数字政府建设在国家治理现代化中提升到更重要的位置。党的二十大深刻阐述中国式现代化的科学内涵、中国特色和本质要求，强调中国式现代化是人口规模巨大的现代化，艰巨性和复杂性前所未有，我们要始终从国情出发想问题、做决策、办事情。

在新发展阶段推进数字政府建设，必须要从我国实际国情出发，着力发挥好数字技术对超大规模、复杂场景的赋能作用，有力缓解规模与

复杂性带来的政府治理负荷和"数字鸿沟"问题。一是要利用数字技术提升大规模人口背景下的精细化科学治理能力，带动政策工具、管理手段精准落地。二是要通过数据开放共享强化跨区域、跨层级的快速协同能力，为破解跨区域、跨部门、跨层级协同难题提供重要的保障手段。三是要推动智慧城市应用落地，缓解超大、特大城市高密度治理负荷，系统防范城市治理风险，提升城市治理的科学化、精细化、智能化水平。

该书凝聚了莫宏波博士多年参与广东省数字政府改革建设的经验体会与创新思考，总结了数字政府建设的新使命、新场景和新挑战。当前，我国数字政府建设已进入快车道，但还面临着进一步完善体制机制、释放数据要素价值、防控安全风险等诸多挑战，仍需要长期不懈地探索与创新。相信该书能为我国数字政府建设工作的决策者、从业者带来重要的借鉴和启发，也期待更多企事业单位、研究机构、专业人士投身我国的数字政府建设，推动我国经济社会数字化发展迈上新台阶。

是为序。

中国信息通信研究院

余晓晖　院长

2022 年 6 月,《国务院关于加强数字政府建设的指导意见》正式发布,这是我国首份由国务院印发的数字政府建设指导意见,也标志着数字政府建设将在全国全面铺开。

我作为广东省数字政府改革建设工作的亲历者和参与者,见证了广东省数字政府 5 年来的大变化,见证了广东省实现政务由信息化到数字化跨越的过程。2017 年,我参与组织编制《广东"数字政府"改革建设方案》。该方案的出台标志着广东省在全国率先启动了数字政府改革建设工作。该方案提出要以机构改革和智能转变为突破口,"建成上接国家、下联市县、横向到边、纵向到底全覆盖的'数字政府',以'制度改革创新+技术应用创新'推动'放管服'改革向纵深发展"。广东省不忘初心、锐意改革、大胆探索,成立广东省政务服务数据管理局(以下简称广东省政数局),牵头主抓数字政府改革建设工作。近几年来,广东省政数局打造出"粤省事""粤商通""粤政易"等"粤系列"产品,分别服务企业、群众和公务人员;打造出实战、好用、管用的"粤康码""粤澳码""粤核酸"等数字化疫情防控系统;还打造出汕尾市政府的基层社会治理"民情地图"、数字化全代办企业服务平台、"信息孤岛"解决系统、智慧政务服务大厅等省市联建成果,成效显著。2018—2022 年,广东省在由国务院办公厅电子政务办公室组织的省级政府一体化政务服务能力评估中连续保持全国领先。

　　莫宏波博士深度参与了广东省及广州市、珠海市、汕尾市等地市的数字政府改革建设，经验丰富。他也曾多次和我探讨交流，充分展现了他在工作中善于思考、积极进取和专业敬业的良好素养。如今，我非常欣喜地看到由莫宏波博士编著的《新时代数字政府建设：使命、发展与未来》对新时代的数字政府改革建设进行了系统性思考和研究。该书从数字政府的发展背景、历史使命、建设模式及体制机制等方面进行分析阐述，并结合各省市在数字政府改革建设领域的先进案例进行介绍，完整地呈现了我国数字政府改革建设面貌，内容翔实，观点清晰，指导性强。该书还重点介绍了广东省近年来数字政府改革建设的历程和成果，对我国其他省市正在开展的数字政府改革建设工作具有很好的参考价值和启发意义。

　　我建议各级政府领导和数字政府建设相关从业者，把该书作为了解数字政府改革建设初心使命和推进实施的工具书，期待该书能够为各地数字政府改革建设的决策者和实施者提供参考，并带动社会各界积极参与数字经济和数字社会的建设，助力我国早日全面建成社会主义现代化强国。

广东省政务服务数据管理局原总工程师
周传世　博士

科学技术是经济社会关系变革的重要推动力。当前，5G、大数据、云计算、物联网、区块链、人工智能等信息技术的快速发展，引领企业、政府乃至全社会经历深刻的数字化转型。

2022 年 4 月 19 日，习近平总书记在主持中央全面深化改革委员会第二十五次会议时强调，要全面贯彻网络强国战略，把数字技术广泛应用于政府管理服务，推动政府数字化、智能化运行，为推进国家治理体系和治理能力现代化提供有力支撑。近年来，我国从中央到地方积极运用新一代信息技术加快数字政府建设工作，形成了多元尝试、多样创新、百花齐放的政府数字化转型新格局。

我国多地政府部门顺应数字化转型大势，积极开展改革和实践探索，以数字化转型整体驱动生产方式、生活方式和治理方式变革，推动政府治理流程再造和模式优化，不断增强决策科学性和提高服务效率。目前，我国大部分省市已组建统筹政府大数据管理和数字政府管理运营的专门机构，启动了数字政府建设工作，在社会治理、民生服务、营商环境、政务协同等领域取得了显著成效。新冠肺炎疫情发生以来，各地政府积极应用新技术、新平台开展疫情防控，依托已建成的一体化政务服务平台、信息共享交换平台、"城市大脑"、政务服务 App 等成果，在信息发布、数据分析和在线服务等方面进一步提升公共服务和社会治理能力，新推出"健康码""行程码""疫情防控信息发布平台""线上融

资平台"等小程序或 App，通过"网上办、指尖办、预约办、就近办"等方式减少人员流动和聚集，在群众出门出行、企业复工复产、消费复苏，以及疫情防控期间保障正常生活生产秩序等方面发挥了至关重要的作用。各种互联网应用和数字政府建设成果使各级领导及广大群众充分看到数字政府建设的必要性和显著成效，进一步推动了数字政府的建设进程。

初期的数字政府建设着眼于运用新技术手段提升单个部门处理问题的能力。如今，在数字中国顶层蓝图的引领下，我们已进入通过数据共享、系统整合和流程再造实现跨部门、跨层级、跨区域业务协同的数字政府建设新阶段，目标是改善政府管理和服务方式，提高政府快速响应能力和公共服务效能，从而深层次地促进经济社会可持续发展。数字政府建设既是信息技术推动政府管理服务模式创新化、治理体系现代化的过程，同时也是提升政府公信力和执行力、建成人民满意的服务型政府的重要抓手。数字政府的建设没有止境，未来它还将继续通过数据驱动来重构业务体系，向着线上线下融合、政企政民同心互动的普惠高效型、整体协同型、智能精准型政府的高级阶段演进。

数字政府建设应充分利用政府的数据资源，不断总结数字政府的建设管理经验，并整合市场、人才、技术力量，实现从数字政府建设向全面数字化发展。我们要践行"一张蓝图绘到底"的精神，将数字政府、智慧城市、美丽乡村建设等工作紧密结合，做大做强数字经济，推动数字经济与实体经济深度融合，推进数字技术在公共服务、城市治理、乡村振兴等方面的广泛应用。

本书介绍了数字政府的概念、特征及发展历程，分析了数字政府建设的宏观背景、相关政策和国内外案例。在此基础上，本书提出了新时代数字政府的新使命，分析阐述了新时代数字政府发展的新特征、新方向、新场景，也提出了数字政府建设的总体思路和顶层设计架构，探讨了政务云、政务网、政务区块链、政务大数据、相关公共支撑平台、数字政府建设模式、项目管理和安全等问题。最后，本书以我国开展数字政府改革建设成效显著的广东、浙江、上海等地为例，介绍了相关省市在数字政府改革建设领域的先行先试经验，以及摸索总结出来的管理制度、法规和体制机制等领先成果，阐述了我国各地在数字政府改革建设方面开展的积极探索和应用于政务服务、社会治理、业务协同等方面的实践。本书也分析了数字政府改革建设面临的问题挑战，提出了进一步深化改革建设的思路和未来方向。

希望本书对数字政府领域的各级政府、咨询机构、软硬件产品供应商、服务提供商等读者群体有所启发。期待本书能够为各地数字政府改革建设的决策者和实施者提供参考，并带动社会各界积极参与数字经济和数字社会的建设，满足人民对美好生活的向往，助力我国早日全面建成社会主义现代化国家。

过去几年，本书作者一直在广东省从事数字政府改革建设工作，得到了广东省政务服务数据管理局、广州市政务服务数据管理局、珠海市政府政务服务数据管理局、汕尾市政务服务数据管理局、广州市黄埔区委区政府等单位相关领导的关心和指导，作者在广东省电信规划设计院有限公司从事数字政府研究期间得到公司相关领导和同事的大力支持和协助，在此一并表示感谢。

数字政府建设是复杂的系统工程，由于本书作者是数字政府领域项目一线工作者，工作繁忙，受时间、能力和经验限制，本书难免有不足之处，敬请各位读者谅解和赐教。

莫宏波

2022 年 12 月

>>> 目　录

1

第一章

数字政府建设背景

我国政府历来重视信息化工作。以习近平新时代中国特色社会主义思想为指导，党中央、国务院发布了一系列文件指导和部署数字政府建设工作。党的十九届四中全会首次明确提出"推进数字政府建设，加强数据有序共享"。2021年3月，我国发布《中华人民共和国国民经济和社会发展第十四个五年规划和2035年远景目标纲要》（以下简称国家"十四五"规划纲要），其中提到要提高数字政府建设水平，加强公共数据开放共享，推动政务信息化共建共用，提高数字化政务服务效能。2022年6月，《国务院关于加强数字政府建设的指导意见》正式发布，这是我国首份由国务院印发的数字政府建设指导意见，也标志着数字政府改革建设工作正式从各地的自主创新探索上升为国家战略，并将在全国全面铺开。《国务院关于加强数字政府建设的指导意见》提到，将数字技术广泛应用于政府管理服务，推进政府治理流程优化、模式创新和履职能力提升，构建数字化、智能化的政府运行新形态，充分发挥数字政府建设对数字经济、数字社会、数字生态的引领作用，促进经济社会高质量发展，不断增强人民群众获得感、幸福感、安全感，为推进国家治理体系和治理能力现代化提供有力支撑。

第1节　数字政府的概念及发展历程

不同视角会对数字政府的概念产生不同的理解。广义上的数字政府即政府信息化。狭义上的数字政府是指适应数字化发展要求的政府运行新形态。数字政府建设是运用创新型思维，以大数据、云计算、区块链、人工智能等信息通信技术为支撑，通过数据共享和业务协同，实现政务服务便利化、社会治理精准化、政府决策科学化的行动举措，其目的是提高政府治理体系和治理能力的现代化水平。

从我国1978年改革开放以来，政府信息化发展历程可大致分为以

第一章

数字政府建设背景

我国政府历来重视信息化工作。以习近平新时代中国特色社会主义思想为指导，党中央、国务院发布了一系列文件指导和部署数字政府建设工作。党的十九届四中全会首次明确提出"推进数字政府建设，加强数据有序共享"。2021 年 3 月，我国发布《中华人民共和国国民经济和社会发展第十四个五年规划和 2035 年远景目标纲要》（以下简称国家"十四五"规划纲要），其中提到要提高数字政府建设水平，加强公共数据开放共享，推动政务信息化共建共用，提高数字化政务服务效能。2022 年 6 月，《国务院关于加强数字政府建设的指导意见》正式发布，这是我国首份由国务院印发的数字政府建设指导意见，也标志着数字政府改革建设工作正式从各地的自主创新探索上升为国家战略，并将在全国全面铺开。《国务院关于加强数字政府建设的指导意见》提到，将数字技术广泛应用于政府管理服务，推进政府治理流程优化、模式创新和履职能力提升，构建数字化、智能化的政府运行新形态，充分发挥数字政府建设对数字经济、数字社会、数字生态的引领作用，促进经济社会高质量发展，不断增强人民群众获得感、幸福感、安全感，为推进国家治理体系和治理能力现代化提供有力支撑。

第 1 节　数字政府的概念及发展历程

不同视角会对数字政府的概念产生不同的理解。广义上的数字政府即政府信息化。狭义上的数字政府是指适应数字化发展要求的政府运行新形态。数字政府建设是运用创新型思维，以大数据、云计算、区块链、人工智能等信息通信技术为支撑，通过数据共享和业务协同，实现政务服务便利化、社会治理精准化、政府决策科学化的行动举措，其目的是提高政府治理体系和治理能力的现代化水平。

从我国 1978 年改革开放以来，政府信息化发展历程可大致分为以下 3 个阶段。我国政府信息化发展的 3 个阶段如图 1.1 所示。

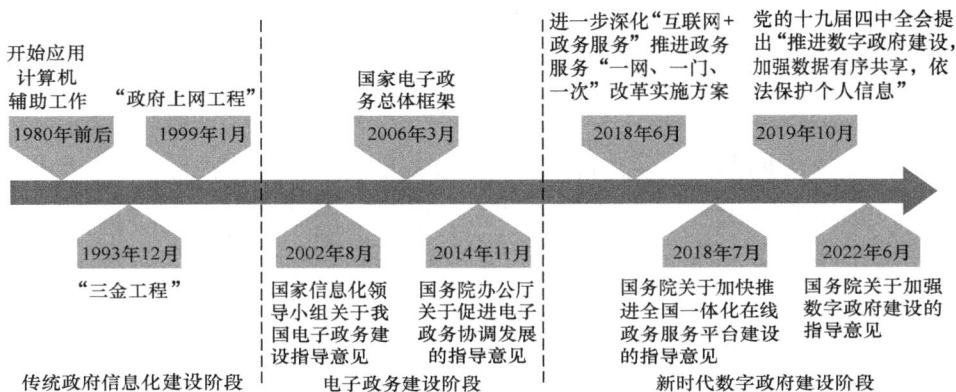

图 1.1　我国政府信息化发展的 3 个阶段

1．"传统政府信息化建设"，1980 年前后—1999 年

1980 年前后，我国政府在电力、气象、地质、人口等领域开始应用计算机辅助科学计算。从 20 世纪 80 年代中后期开始，中央对经济、金融、铁道、电力等十多个关系国家经济命脉的国家级信息系统进行立项建设。1993 年，"三金工程"（即金卡、金关、金桥工程，其中金卡工程指金融交易卡建设及推广普及工程，金关工程指国家经济贸易信息网建设工程，金桥工程指国家经济信息网建设工程）启动。1999 年，"政府上网工程"启动。这一阶段的政府信息化建设为后续的电子政务建设打下了良好基础。

2．"电子政务建设"，1999 年年底—2017 年

1999 年 12 月，国务院办公厅发文成立国家信息化工作领导小组。2002 年，《国家信息化领导小组关于我国电子政务建设指导意见》提出"十二金工程"建设（"十二金工程"指由国务院相关部委牵头建设的"金关、金税、金盾、金审、金财、金融、金卡、金保、金宏、金农、金质、金水"12 个重要业务系统）。2006 年，《国家电子政务总体框架》

从战略高度明确了电子政务发展的思路、目标和重点。2012—2017年，国家相继印发《"十二五"国家政务信息化工程建设规划》《国务院办公厅关于促进电子政务协调发展的指导意见》《促进大数据发展行动纲要》《"十三五"国家政务信息化工程建设规划》等政策文件，提出强化信息共享、业务协同和互联互通，突出建设效能，有效提高公共服务水平。其中，2016年3月，国务院正式发布《中华人民共和国国民经济和社会发展第十三个五年规划纲要》，提出"实施网络强国战略，加快建设数字中国"。2016年7月，中共中央办公厅、国务院办公厅印发《国家信息化发展战略纲要》，把数字中国建设和发展信息经济作为信息化工作的重中之重。在此阶段，政府门户网站，政务内网、政务外网，以及人口、法人单位、宏观经济、空间地理和自然资源基础数据库建设完成并投入运行。智慧城市、政府大数据、公共数据开放等概念出现，各种技术创新"风起云涌"，各级各地政府建设了大量的业务应用系统，内部管理事务不断向网上迁移，网上办事大厅服务逐渐成熟，多服务渠道涌现并呈矩阵式分布，政府行政效率和服务质量明显提升，初步实现了行政办公的数字化、业务流程的标准化、沟通渠道的网络化。

3. "新时代数字政府建设"，2017年年底至今

2017年10月，党的十九大提出建设网络强国、数字中国、智慧社会，提出要推动互联网、大数据、人工智能和实体经济深度融合，发展数字经济、共享经济，培育新增长点、形成新动能。2017年12月8日，习近平总书记在中共中央政治局第二次集体学习时强调，要"加快建设数字中国"，同时要"运用大数据提升国家治理现代化水平"。2017年12月11日，广东省人民政府印发《广东"数字政府"改革建设方案》，在全国率先启动数字政府改革建设工作。2018年，国务院发布了一系列文件指导和部署"互联网＋政务服务"工作，各省市深入推进"互联网＋政务服务"创新工作。《进一步深化"互联网＋政务服务"推进政务服务"一网、一门、一次"改革

实施方案》《国务院关于加快推进全国一体化在线政务服务平台建设的指导意见》等文件要求加快构建全国一体化网上政务服务体系，让企业和群众到政府办事像"网购"一样方便，全面实现全国"一网通办"。2019 年 10 月，党的十九届四中全会提出"健全劳动、资本、土地、知识、技术、管理、数据等生产要素由市场评价贡献、按贡献决定报酬的机制"和"推进数字政府建设，加强数据有序共享，依法保护个人信息"。2021 年 3 月，国家"十四五"规划纲要中提出要提高数字政府建设水平，加强公共数据开放共享，推动政务信息化共建共用，提高数字化政务服务效能。2022 年 6 月，《国务院关于加强数字政府建设的指导意见》提出构建与国家治理体系和治理能力现代化相适应的数字政府体系框架。在这个阶段，党中央、国务院明确提出了数字政府建设的目标愿景和实施路径，全国各地方政府纷纷出台规划性文件并启动数字政府改革建设工作。

第 2 节　引领新时代数字政府建设的相关政策

党的十九大以来，以习近平同志为核心的党中央高度重视网络安全和信息化工作，党中央、国务院发布了一系列文件指导和部署数字政府改革工作，各省市积极运用新一代信息技术，加快数字化发展和改革工作。

2019 年 11 月，党的十九届四中全会通过《中共中央关于坚持和完善中国特色社会主义制度 推进国家治理体系和治理能力现代化若干重大问题的决定》，明确提出"建立健全运用互联网、大数据、人工智能等技术手段进行行政管理的制度规则。推进数字政府建设，加强数据有序共享，依法保护个人信息"，这是我国首次在中央文件层面正式提及"数字政府"的概念，引起各地各级政府的广泛关注和高度重视。随后，国务院印发多个文件政策，包括《关于建立政务服务"好差评"制度提高政务服务水平的意见》《国务院办公厅关于全面推进基层政务公开标准化规范化工作的指导意见》《国务院办公厅关于加快推进政务服务"跨省通办"的指导意见》等，大力推进政府决策科学化、社会治理精准化、公共服务高效化。

2020年11月，党的十九届五中全会审议通过《中共中央关于制定国民经济和社会发展第十四个五年规划和二〇三五年远景目标的建议》，提出"加强数字社会、数字政府建设，提升公共服务、社会治理等数字化智能化水平"，再次强调要加强数字政府建设。2021年《政府工作报告》中提出，"加强数字政府建设，建立健全政务数据共享协调机制，推动电子证照扩大应用领域和全国互通互认，实现更多政务服务事项网上办、掌上办、一次办。"2021年3月，国家"十四五"规划纲要发布，其中明确提出通过数字化转型来整体驱动生产方式、生活方式和治理方式的变革。

2022年6月，《国务院关于加强数字政府建设的指导意见》(以下简称《意见》)发布。《意见》提出构建协同高效的政府数字化履职能力体系、构建数字政府全方位安全保障体系、构建科学规范的数字政府建设制度规则体系、构建开放共享的数据资源体系、构建智能集约的平台支撑体系、以数字政府建设全面引领驱动数字化发展、加强党对数字政府建设工作的领导七大任务。《意见》指出，各地区各部门要建立健全数字政府建设领导协调机制，强化统筹规划，明确职责分工，抓好督促落实，保障数字政府建设有序推进。

第3节　数字技术助推数字政府建设

科学技术是经济社会关系变革的重要推动力。5G、大数据、云计算、物联网、区块链、人工智能等新一代信息技术的快速发展，为各级政府用"技术变革"推动"服务变革"和"治理变革"提供了技术手段和实施路径，为国家治理现代化水平提升提供了创新抓手和保障支撑。

1．大数据助力政府决策更有"深度"

数据要素是重要的生产要素，大数据技术是数字政府建设的核心技术。基于大数据及算法的驱动作用，运用人工智能、互联网、大数据等信息技术手段进行政府管理，并通过数据智慧赋能，聚焦数据治理，实现数字资源、数据资产、数据资本的跃升，是优化政府职责体系的重要手段。在数字政府建设中，大数据存储计算、分析处理、挖掘利用等技术应用实现了政府在服务和决策之中更好地"用数据说话"，为数字政府的精准服务、精细治理和辅助决策提供技术支撑。近年来，政府通过建设政务大数据中心和一体化政务服务平台，打通跨部门、跨行业、跨地域的数据，积极推动业务流、数据流的融合统一。

2．区块链助力政府监管更有"力度"

区块链是一种不易篡改、"去中心化"、可追溯的分布式账本（数据库）技术，可有效地解决数据传输中的信任问题。区块链技术自诞生以来，就凭借其"不易伪造""全程留痕""可以追溯""公开透明""集体维护"等特点在金融领域、物流领域、公共服务领域、数字版权领域、保险领域等有了广泛应用。区块链技术用于数据确权和可信流通等政务场景，有助于政务数据的开放共享，提高了数字政府的安全性和工作效率，实现了"可信政府"。政府通过区块链构建统一身份认证平台，整合多种身份核验方式和认证源，完善和创新认证服务方式，提升自然人、法人、公职人员的身份安全认证能力，为政务服务在线办理提供统一的实名身份认证服务，进一步推动"一次认证、全网通办"。当前，利用区块链的优势，各地政府积极拓展身份认证、信息公开、社会应用监管等数字政府应用场景，提高政府管理效率、降低运营成本。电子票据、电子证照、版权交易等是区块链在数字政府中的典型应用场景，例如"区块链＋不动产登记"工作、"区块链＋AI"全程电子化商事登记、"智慧法院"建设、"区块链＋数字政府"社会信用公共平台建设等。

3．人工智能让政府服务更智能、更高效

人工智能利用计算机模拟人的某些思维过程和行为。目前，人脸识别、语言翻译、聊天机器人等人工智能技术逐步成熟，在"听、说、看"等感知智能领域达到或超越了人类水准，在促进政务处理流程简单化，提供个性化、人性化公共服务方面表现突出。政务智能客服、防疫测温、人脸识别、无人机等场景已应用到政务服务和交通、环保、市场监管、公共安全等社会治理领域，在"不见面办事""智能客服""违章抓拍"等方面取得了良好效果，让政府服务更智能、更高效。

在政务应用中，人工智能以政务数据、行业数据为基础，提供 AI 算法中心、原子能力中心等支撑，提供智能图像视频分析、语音识别、文字情感分析等功能，适用于人脸识别、图像识别、实时动作监测、监控查找轨迹、语音转化文字等场景，解决了传统政务系统中需要依靠人力和经验解决的问题，例如人工查看监控视频寻找车辆轨迹或人物行动轨迹效率不高，传统电话客服解决问题能力有限，大量问题仍需转接人工客服解决，以及舆情发现和应对滞后等问题。人工智能将人力从烦琐的重复劳动中解放出来，让人们去完成更具创造性和挑战性的工作。下一步，人工智能技术将从感知智能向认知智能演进，智能政务机器人、无人机、无人车等智能硬件将逐步成熟，人工智能计算中心将成为政府新的信息基础设施。

4．"物联网 +5G"技术疏通数字政府"血管"

物联网通过部署各类传感器实时采集数据，让我们可以用数据感受和洞察物理世界，是大量数据的重要来源。5G 可提供高速率、低时延、多接入的传输能力，不仅让人与人互联，更让机器、物体和终端之间互联互控。"物联网 +5G"让全数字化城市建设变为可能，让政府可以全域、实时地感知城市的每一个角落、每一个变化。未来，随着数字政府建设向"一网统管"、智慧城市、数字乡村等领域延伸，"物联网 +5G"技术在数字政府领域的应用还会进一步深入。

5．云计算和边缘计算技术结合，助力打造"云上政府"

云计算通过对计算、存储、网络、安全等信息资源的虚拟化集中管理调度，构建弹性伸缩、按需使用的共享平台，构建"云上政府"。同时，政务云平台的建设实现政府业务系统和数据资源的集中管理、统一运维、总体运用，有利于业务协同和信息共享，大大降低了政府在信息技术（IT）硬件方面的投资成本和业务系统的运维成本。

边缘计算是在靠近物或数据源头的一侧，采用集网络计算、存储、应用等核心能力为一体的开放平台，就近提供最近端服务。边缘计算在靠近数据输入或用户的地方提供计算、存储和网络带宽，着重解决传统云计算模式下存在的时延高、带宽小和网络不稳定的问题。在资源条件存在限制的情况下，云计算服务会不可避免地受到时延高和网络不稳定的影响，在这种场景下使用边缘计算将部分或全部处理程序迁移至靠近数据输入或用户的地方，能够大大减少给应用系统带来的影响。边缘计算可作为云计算的有效补充，实现边云协同，能够更好地满足更多业务场景的算力需求，提供更优质的政务服务。

第4节　数字政府相关概念辨析

近年来，电子政务、数字政府、数字经济、数字中国、智慧城市、智慧社会等新理念、新概念层出不穷。其中，**电子政务**是政府信息化的一个阶段，是政府运用信息技术对自身的管理结构和业务流程进行梳理优化而构建的技术系统和形成的服务体系。从实践层面上看，电子政务与数字政府的概念在很多场景下可以互用。新时代数字政府可以理解为一种基于数字技术和数据赋能的新型政府运行形态和现代化治理新模式，是电子政务的延续。**数字经济**是指依托数据资源、信息网络、数字

技术的有效使用，推动效率提升和经济结构优化的一系列经济活动。**数字中国**是指我国的信息化建设，包括经济、政治、文化、社会、生态等各领域的信息化建设，也包括数字经济、数字政府、数字社会等内容。**智慧城市**是指城市的智慧化，即利用各种信息技术将城市的系统和服务打通、集成，从而提高城市资源运用效率，优化城市管理和服务，改善市民生活质量。**智慧社会**则是以智能化技术为支撑，以不断满足人民日益增长的美好生活需要、逐步解决经济社会发展不平衡不充分问题为目标的一种新型社会形态。

从以上概念我们可以看出，新时代数字政府建设是对以往电子政务建设的继承和升级，是在电子政务基础上的新变革。数字政府是数字中国、智慧社会的重要组成部分，是推动数字中国改革发展的重要引擎，在数字中国战略布局中具有牵引和带动作用。此外，数字政府也可看作智慧城市建设中的重要组成部分，牵引或促进智慧城市的建设发展。

智慧化是数字化发展演进的高级阶段，智慧社会是一个相对于数字中国更高层次的概念，也是一个实现难度更大、涉及范围更广的概念。现阶段，我国各级政府聚焦加快智慧城市、数字经济和数字政府的建设。智慧城市、数字经济和数字政府之间相互促进、互为支撑，它们的建设内容既有重叠，也有各自的发展重点和特色。数字政府侧重于政府自身的体制机制改革和业务流程优化，探索新的政务服务和社会治理模式，智慧城市侧重于城市的整体运行管理效能的提升，数字经济侧重于加快数字产业发展及传统产业的数字化转型。

第二章

数字政府建设新使命

2022 年 6 月，《国务院关于加强数字政府建设的指导意见》（以下简称《意见》）发布，这为我国下一阶段开展数字政府建设指明了方向。《意见》提出的数字政府建设主要目标为：到 2025 年，与政府治理能力现代化相适应的数字政府顶层设计更加完善，统筹协调机制更加健全，政府数字化履职能力、安全保障、制度规则、数据资源、平台支撑等数字政府体系框架基本形成，政府履职数字化、智能化水平显著提升，政府决策科学化、社会治理精准化、公共服务高效化取得重要进展，数字政府建设在服务党和国家重大战略、促进经济社会高质量发展、建设人民满意的服务型政府等方面发挥重要作用。到 2035 年，与国家治理体系和治理能力现代化相适应的数字政府体系框架更加成熟完备，整体协同、敏捷高效、智能精准、开放透明、公平普惠的数字政府基本建成，为基本实现社会主义现代化提供有力支撑。由以上数字政府建设目标可知，为实现我国国家治理体系和治理能力现代化提供重要支撑是新时代数字政府建设的重大使命。

第 1 节　数字政府建设现状

2.1.1　国际上数字政府建设领先案例

2022 年，联合国以"数字政府的未来"为主题，调研并形成了《2022年联合国电子政务调查报告》。报告显示，世界各国积极利用信息技术创新地转变政府管理和服务方式，通过推进数字政府建设，提高政府快速响应能力和公共服务能力，促进服务型政府建设。数字政府在支撑经济社会高质量、可持续发展，以及提升公共服务效能方面起到越来越重要的作用。

纵观世界各国数字政府发展，美国数字政府建设起步最早，引领政府治理数字化转型的浪潮；丹麦拥有全球数字化程度最高的公共部门，在联合国电子政务评比中连续两次排名第一；韩国和新加坡是亚洲数字政府的领跑者。根据《2022年联合国电子政务调查报告》，丹麦、韩国、美国、新加坡的电子政务发展指数分别排在第一、第三、第十和第十二位。我国电子政务发展指数全球排名为第四十三位，也属于较高水平。

1．美国："构建更好地服务美国人民的21世纪平台"

作为一个科技高度发达的国家，美国数字政府治理起步最早，数字化转型成效显著。美国完成了对政府治理结构的重大调整，形成了公众和用户导向的政府运行机制，政府治理观念有了革新式的改变。一个以公共服务为导向，政府与社会共同治理的"小政府—大社会"模式的新型政府基本建立。美国政府数字化转型遵循以下4个基本原则：① 以信息为中心原则。政府由传统的管理文件模式转为管理在线业务数据。② 共享平台原则。美国全国范围内各个政府机构内的工作人员在统一平台协同工作，平台制定了标准规范，统一了创建和分发信息的格式。③ 用户至上原则。以用户为中心获取需求，创建和管理数据，用户可以随时随地以他们希望的方式进行沟通和分享信息。④ 安全和隐私原则。以保护信息和隐私为前提，安全可靠地分发和使用数据。美国通过提高政府公共管理水平，改善公众与政府的数字互动体验，增强公众对政府整体形象的好感。

2．丹麦："数字政府战略2016—2020"

丹麦是世界上数字化程度最高的国家之一，尤其在公共部门数字化方面处于领先地位。2016年，丹麦政府推出"数字政府战略2016—2020"，致力于淘汰纸质表格，促进公共部门数据方案共享，进一步向数字公共行政、沟通交流与电子服务转型，以应对社会治理问题，深化本国数字化转型。丹麦实行数字政府战略的基础是使用数字身份证（称为"NemID"或"Easy-ID"）。每个丹麦公民都有一个名为"NemID"的安全数字密钥。使用"NemID"，丹麦公民可以安全地访问一百多种不同的公共服务，还可以访问各种私人服务，例如提交税款、购买电信套餐、看医生甚至预约理发师。在公共服务方面，丹麦引入"自助服务平台"，强制公民使用在线公共服务平台接收政府的电子邮件，而不是邮政信件（不懂丹麦语的公民、残障公民或没有计算机的公民除外）；政府必须在 24 小时内答复公民邮件，事务性工作要在 14 天内解决；对于可能难以获得在线服务的群体，例如老年人、残障人士，丹麦政府还与非政府组织和基层组织合作，组织数字培训课程，以提高他们的计算机知识水平。丹麦被公认为是世界上数字化水平最高的国家之一，其成功的关键在于公民和政府之间的信任。在丹麦，数据的安全性和隐私性是重中之重，金融交易和其他重要服务需要"双因素"认证（即通过两种不同类型的证据证明一个人的身份）才能完成。当公共卫生部门想要提醒公民预约结果或提供检测报告时，它会向公民的电子邮箱发送通知，该电子邮箱只能使用"双因素"数字签名进行访问。丹麦公民可轻松获得政府服务，且丹麦政府公开大量政府数据，个人、企业及其他机构可以免费获得相关数据和信息，这也增强了公民对政府的信任，相信政府会妥善处理他们的个人信息，不会滥用数据。

3．韩国："政府 3.0 时代"

韩国是全球领先的在线服务提供国。2013 年，韩国政府宣布实施"政府 3.0 时代"计划，正式启动数字政府建设。韩国"政府 3.0 时代"的核心是公共信息的开放与共享，以及政府与公众的沟通和合作。韩国政府向公众开放和共享更多涉及国计民生的信息和数据，除了安保和私生活保护等法律规定禁止公开的领域，剩下的信息以整体原文的形式进行公开，这将打破各部门之间的阻隔，完成总体整合，最终建立"开放与共享的政府"。在"以每个人为中心"的架构上，政府主动公开和共享信息，保障公众的主动参与权利，更加注重沟通与合作，提高了政府制定政策的透明度，同时增加公众对政府的信任。韩国通过数字政府建设，重新设计行政业务流程，革新和简化办事流程，在有效管理公共资源、改善公共服务、增强政府公信力等方面成效显著。在公共数据管理方面，韩国建设公共数据门户网站，成立开放数据中心，成立开放数据战略委员会，建立起"一站式"的公共数据提供框架。"民愿24小时系统""行政信息共享中心"、移动电话、电子政务、政务公开系统、电子政务宣传手册等措施保障了相关政策的高效实施。在增强政府公信力方面，韩国建立信息公开门户网站，扩大信息公开范围，主动公开与公众生活相关的信息。该网站集中了所有部门的公开信息，公众不需要分别访问不同部门的网站。公众通过与全体政府部门相连接的"泛政府在线沟通门户"，可直接向政府反映意见和建议，还可利用"行政信息公开系统"，在线申请并查阅各种政务信息及国家档案，能够更加便捷地参与政府决策。2019年10月，韩国公布了"数字化政府创新推进计划"，旨在适应以人工智能、云计算等尖端信息通信技术为主导的数字化转型趋势，改善现有的电子政务服务。根据该计划，韩国将在居民中心等4万个地点增设无线网络、利用人工智能技术构建综合安保管制系统等。2022年起，韩国政府开始积极推进和大力发展元宇宙产业，首尔市建成了"元宇宙首尔市政厅"，市民打开手机App，创建虚拟形象，即可进入3D虚拟首尔市政厅大厅和市长办公室。

4．新加坡：从"智能国"到"智慧国"

新加坡以发展信息产业为重点，积极建设信息基础设施，成为亚太地区的电子商务中心和信息化强国，在打造全球化智慧都市、数字政府、数据共享等方面取得了引人注目的成绩。2006年6月，新加坡资讯通信发展管理局（Infocomm Development Authority，IDA）推出为期10年的信息通信产业发展蓝图——"智能国2015"计划，旨在将新加坡建设成一个以信息通信驱动的智能化和全球化的国度。为保证计划顺利完成，新加坡政府采取 4 项重要战略：努力发展具有国际竞争力的信息通信产业，积极建设最新的信息通信基础设施，开发具有竞争力的信息通信人力资源，实现政府、社会、关键经济领域的转型。在"智能国 2015"计划的推动下，新加坡成为全球信息通信业最为发达的国家之一，提升了各个公共与经济领域的生产力和效率，在全球政府信息化、电子政务、数字政府方面名列前茅。2014 年，日本早稻田大学发布的一项电子政务调查报告指出，新加坡近 98% 的公共服务可通过在线方式提供。2014 年，新加坡政府又公布了"智慧国 2025"10 年计划，这份计划是对"智能国 2015"计划的完善与升级，是全球第一个"智慧国家蓝图"。新加坡政府构建"智慧国平台"，建设覆盖全国的数据收集、连接和分析的基础设施与操作系统，根据所获数据分析和预测公众需求，以提供更好的公共服务。"智慧国"理念的核心可以用 3 个 C 来概括：连接（Connect）、收集（Collect）和理解（Comprehend）。"连接"的目标是提供一个安全、高速、经济且具有扩展性的全国通信基础设施。"收集"则是指通过遍布全国的传感器网络获取更理想的实时数据，并对重要的传感器数据进行匿名化保护、管理，以及适当进行分享。而"理解"的含义是通过收集来的数据尤其是实时数据建立面向公众的有效共享机制，通过对数据进行分析，以更好地预测公众的需求，提供更好的服务。新加坡政府始终保持着对信息化、数字化的高度重视和大力推行，确立清晰明确的发展目标，滚动式不间断地推行各个阶段的计划，以公众为中心，注重政府与公众的互动，鼓励科技创新，取得了巨大成功。

2.1.2 我国数字政府建设的总体成果

近年来，我国从中央到地方都在结合政府机构改革工作积极运用新一代信息技术加快数字化转型，通过打造服务新平台、构建新机制、拓展新渠道，提升政府履职能力，推动一体化整体型政府建设，形成了多元尝试、多样创新、百花齐放的政府数字化转型新格局。

1. 服务型政府建设成效显著

各地政府坚持以人民为中心的发展思想，把公共服务作为最大的民生普惠，构建更加优质均衡的公共服务体系。**一是积极利用数字技术。**政府为企业和群众提供24小时"不打烊"公共服务，让群众办事像"网购"一样方便，全面提高公共服务供给能力，满足不同人群多层次、多样化需求，为疫情精准防控，推进复工复产、政务办事等提供有力支撑。特别在医疗、教育、交通、社保、公共资源交易等公共服务重点领域，数字化转型成果显著。**二是积极创新政务服务开展方式。**各地各部门按照国家要求持续推进"互联网＋政务服务"建设，把政府门户网站、政务客户端、政务小程序等作为在线服务载体，不断探索出"一网通办""不见面审批""秒批"等创新服务方式，让数据多跑路，让群众少跑腿，提升用户体验。各地通过加速平台建设、加强数据共享，越来越多高频政务服务事项实现"跨省通办"，并逐步实现身份证等电子证照跨省互通互认，获得了群众的认可和"点赞"。上海、浙江、广东、贵州等地深化一体化在线政务服务体系，打通部门界限、优化业务流程，围绕企业和群众眼中"一件事"，为企业和群众提供集成"套餐"服务。**三是积极落实政务服务"好差评"制度。**多地通过多渠道收集群众评价，多维度分析评价数据，并通过公开公示的"好差评"平台与不断完善的监督考核机制，做好服务工作，切实增强人民群众的获得感、幸福感、满意度。

2. 整体型政府建设进展迅速

结合国家机构改革，各级政府在管理体制、运行机制等方面积极探索创新，推动实现政府由分散服务向整体服务转变，由单部门办理向多部门协同办理转变，推动一体化整体型政府建设。当前，各地改变过去分散建设模式，加强地区统筹，集约化开展数字政府建设。**一是统筹线**

上**平台建设**。上海、浙江、陕西、宁夏等地统筹建设电子政务云平台；北京、湖北、湖南、广东、广西、贵州等地加快政府网站集约化建设步伐；福建、浙江、江西、广东等地统筹建成全省政务服务 App 或微信小程序，实现办事服务"掌上办""指尖办"。例如"闽政通"App 整合福建全省便民服务事项，推进省、市、县（区）高频便民服务事项移动端办理。**二是线上线下互补建设。**推进实体政务大厅、网上政务服务平台、政务服务热线相结合，实现线上线下功能互补、融合，实体政府与虚拟政府一体化融合发展态势明显。例如广东省佛山市推行行政审批标准化，实现实体综合窗口、网上办事大厅无差别审批服务，将"一门式、一网式"政务服务延伸到网上办事大厅、自助服务终端、12345 政务服务便民热线（以下简称 12345 热线），做到线上线下一套服务标准、一个办理平台，将各部门非紧急类政务服务便民热线和网上信箱等网络渠道整合，纳入 12345 统一政务咨询投诉举报平台进行统一管理。**三是政府门户网站与政务服务平台（网）对接。**多地政务服务平台（网）实现与本级政府门户网站的整合对接，在线办事服务向规范化、标准化、集约化建设迈进了坚实的一步。政府门户网站、政务服务平台（网）、政务服务 App 的集约化建设能够节约行政成本、集中行政资源做好服务工作，也有利于推进政府资源集约共享，方便群众网上办事，提高政府行政效率。**四是积极利用政务新媒体渠道传播政府网站内容，方便群众及时获取政府信息和服务。**以政府门户网站为核心、多种政务新媒体渠道共同发展的"一体多翼"在线服务格局，成为当前各地数字政府服务能力建设的重要形式，也是各级政府利用互联网、大数据等信息技术手段提升治理能力现代化水平的重要体现。

3. 智慧型政府建设不断优化

智慧化是数字化的高级发展阶段。近年来，我国很多城市陆续启动智慧城市建设，围绕城市智能运转、企业智能运营、生活智能便捷、政府智能服务等开展建设运营。其中，智慧型政府是智慧城市建设的重要内容，并且全面带动经济、社会各领域的智慧化建设。特别是以计算机视觉识别为代表的人工智能技术快速发展，已逐步应用于城市各类事件的智能发现识别、智能研判分析和分类定性，促进城市精细化管理。随着海量视频应用于城市监控，将视频智能发现事件融入城市管理的相关业务处置流程中，建立对相关事件的智能响应机制，用"算力"解放"人力"，用"视频"代替"人眼"，可帮助城市管理者解决城市治理中"看不清楚、管不过来、处理不了"等问题。例如部分城市探索利用无人机等新型移动终端用于城市治理，实现了"天上看、地上巡、网上查"的目标。安徽省铜陵市利用大数据、AI 图像识别与分析等技术，建设暴露垃圾治理、店外经营治理、违规户外广告治理、渣土车未加盖治理等15 个智慧场景，实现城市治理类问题自动发现和智能抓拍，并自动推送给城管执法局或相关部门，部门处置后再通过视频图像自动核查问题处置情况，核查通过后对事件进行归档。经过相关智慧场景建设，铜陵市的城市治理类事件月均发现量提升了 8 倍，事件的处置时长由原来的平均 3 ~ 4 天，缩短至 1 ~ 2 天，治理效能得到大幅提高，实现了城市治理从人工排查到智能感知的跨越。杭州市建成"城市大脑"，通过统一汇集道路交通视频图像等数据，利用人工智能算法自动识别道路交通情况，并根据实时信息控制交通信号灯变化，自动上报事故信息，优化道路交通。2018 年，"城市大脑"接管杭州市 1300 个信号灯路口，接入4500 路视频数据，试点区域通行时间缩短 15.3%。杭州市交通拥堵排名从 2014 年的全国第 2 位下降至 2022 年第三季度的第 38 位。

4. 数据赋能型政府提升治理水平

利用好数据资源，有利于促进部门协同、优化营商环境、改善公共服务。数据赋能提升政府智慧治理能力体现在以下 3 个方面。**一是数据内部共享支撑"互联网＋政务服务"建设深入推进。**例如江苏省数据共

享平台与国家平台，以及江苏省 13 个下设区市平台实现互联互通，提高政务服务在线办理效率；广州市建成覆盖全市、统筹利用、统一接入的市政务信息共享平台，实现数据跨层级、跨区域、跨系统、跨部门、跨业务的协同管理和服务；贵阳市作为国家大数据（贵州）综合试验区的省会城市，以数据"聚、通、用"为抓手消除"数据孤岛"，打破"部门壁垒"，先后建设了"党建红云""数据铁笼""数据信访""社会和云""筑民生"等一批大数据应用，通过跨部门、跨地区的数据互通共享，实现业务协同，不断提升政府治理水平和公共服务水平。**二是稳步推进政务信息公开和数据开放。**近年来，各地各部门围绕国家和地区的重点工作、部门职能、社会关注重点，利用政府网站、新媒体渠道开通相关专题栏目，推进政务信息公开。省级政府、省会和计划单列市政府利用门户网站直接发布脱贫攻坚、生态环境保护、扫黑除恶，以及"不忘初心、不忘使命"主题教育信息。各部委、地方政府网站开设政策解读栏目，以文字、图解、语音、视频等多样化形式，开展一系列便于施政对象理解的政策沟通、解读和"划重点"工作。通过向社会公开各类政务信息、政务清单（例如权责清单、公共服务事项清单、"秒批"清单等）及办事指南，政府工作透明度不断提高。**三是积极运用数据加强社会治理，辅助决策。**新冠肺炎疫情防控期间，各地政府与具备技术和资源优势的互联网科技公司达成合作，不断迭代更新防疫手段和服务场景，守护城市安全。例如，健康码的"亮码出行"和"码上复工复产"的成功实践有效助力政府实现高效的信息收集和对个体的智慧化管理。黄码、红码、绿码、行程卡、核酸阴性证明模块、疫苗接种标识、高考专属码等创新功能的推广应用，最大限度地保障了疫情防控期间市民的便捷出行，进一步推动实现政府管理与公共服务的精细化、智能化、社会化。

第2节 新时代数字政府的新特征

数字政府在电子政务建设的基础上，进一步优化政府数字化转型的实施路径，强化数据要素资源的配置。新时代数字政府建设要改变过去政府信息化分散建设、单部门建设模式，要重点从组织扁平化、业务协同化、数据共享化改革入手，重塑组织架构、业务架构、技术架构，最终建成线上线下融合的一体化服务型政府。数字政府下一阶段将呈现以下新特征。

1. 实现国家治理体系和治理能力现代化成为核心目标

传统数字政府的建设目标以"政府职能转变"为基本出发点和立足点，侧重于政府行政管理及政务服务的信息化。党中央、国务院深刻把握时代发展趋势，主动适应数字时代发展需要，从全局和战略高度做出加强数字政府建设的重要决策，其本质是以支撑国家治理体系和治理能力现代化为目标，以满足人民对美好生活的向往为出发点和落脚点，通过技术创新、制度创新双轮驱动，强化数据赋能推动政府治理流程优化、模式创新和履职能力提升，提高政府决策科学化水平和管理服务效率的政府运行新形态，有助于更公平惠及全体人民，引领数字经济发展、促进数字社会建设、营造良好数字生态。

2. 数据成为核心资源

数据资源是数字政府建设的核心要素，构建多源汇聚、关联融合、高效共享和有序开发利用的数据资源体系是实现数字化赋能政府治理现代化目标的前提和基础。

数字政府正通过数据资源和数字化技术更好地服务我国经济社会发展和改善人民生活，政府决策者将越来越重视数据价值，"用数据说话、用数据决策、用数据服务、用数据创新"的新思路将得到广泛应用。

3．一体化统筹将成为新的建设模式

在体制层面，进行顶层规划设计，组建数字政府统筹管理部门，以市场化方式购买建设运营服务的"管运分离"新模式正得到推广。政府信息化项目越来越多地采用统一建设管理模式，集约建设的一体化政务服务平台和一体化基础设施将逐步应用，从而提高服务和监管效率，降低数字政府建设、运行和维护成本。数字底座"一体赋能"、政务服务"一网通办"、全域治理"一网统管"、政府运行"一网协同"、数据价值"一网共享"、产业转型"一网兴业"、民生诉求"一号通办"等应用场景正逐步实现。

4．智能化技术不断深化应用

数字政府将从过去以个人计算机、办公自动化、管理信息系统、"互联网＋政务服务"为代表的信息化技术体系建设转向以人工智能、大数据、云计算、区块链和5G移动通信等为代表的智能化技术体系建设，其应用也相应地从人机合作计算模式转变为机器自主计算模式。

5．更加强调线上线下融合，打造虚实互动的"数字孪生政府"

数字政府逐步表现为实体政府的虚拟化，即在网络空间打造一个无处不在、无时不在的"在线服务政府"，促进政府流程优化与治理变革，进一步优化调整政府内部的组织架构、运作程序和管理服务。

第3节　新时代数字政府的新方向

推动实现我国国家治理体系和治理能力现代化是新时代数字政府建设的新使命，满足人民对美好生活的向往是新时代数字政府建设的出发点和落脚点。数字政府要以提升政府服务水平和治理效能，持续增强人民群众的获得感、幸福感、安全感为目标，努力实现"四个提升"，即全面数字化发展提升、智慧化提升、多元社会共治提升、基于数据要素开发运用提升。

2.3.1　由政府的数字化建设向全面数字化发展提升

数字化发展在我国的政策层面已经提升到前所未有的高度。推动数字化发展既是国家政策的要求，也是经济社会发展的重要方向。国家"十四五"规划纲要提出要"推进数字技术在公共服务、城市治理、乡村振兴等方面的广泛应用"，要"以数字化转型整体驱动生产方式、生活方式和治理方式变革"。

现阶段政府数字化建设还停留在政府内部的信息化能力提升和对外的政务服务能力建设方面。下一步，要以数字政府建设全面引领和驱动数字化发展，持续增强数字政府效能，健全完善与数字化发展相适应的政府职责体系，为数字化发展营造安全可靠的环境，激发数字经济活力，优化数字社会环境，营造良好数字生态。

数字化发展的核心是数据资源的整合与利用。政府层面，广东省、武汉市等多个省市已经制定了公共数据管理办法，明确了政府在数据采集、共享、应用、开放、开发利用等方面的权利与义务，并逐步探索要素市场化。社会层面，电信运营商、互联网企业等掌握大量数据的企业也在合理利用用户数据开展广告推送、业务推荐等，实现数据的二次变现。在保护好个人隐私的前提下，通过政务数据与商业数据的整合，实现数据资源的二次开发利用，有利于挖掘新的经济增长点，实现全面的数字化发展。

2.3.2　由数字化向智慧化提升

经过多年的推进，数字政府在以数据共享交换为核心的"一网通办""不见面审批""秒批"等创新服务方面成果丰硕。同时，数字政府建设积累了大量的各部门、各行业数据，人工智能技术也得以广泛应用，但数据分析仍以垂直领域内为主，人工智能技术也以感知智能为主。随

着新一代信息技术的演进，数字政府"智慧化"将是新亮点。

1．大数据应用由初级向深度推进

基于大数据的政务服务、城市治理辅助决策正得到深化。当前的数字政府大数据应用中，统计类占比较高，应用层次仍然比较初级。在数据积累到一定程度后，预测预警类、仿真模拟类等更深层次、更跨领域的大数据应用正得以更广泛地落地，极大提升政务服务、城市治理效能。

2．政务服务由人工向自动拓展

深化人工智能技术应用，减轻一线压力，有利于一线政务服务人员聚焦市民个性化服务。目前，智能政务虚拟客服已在各地投入试点使用，在疫情防控中发挥了重要作用，受制于知识库不完整、政务服务种类多而复杂、语音识别率不高等，其"智慧化"程度还普遍较低。智能政务虚拟客服、数据录入虚拟机器人也在各地政府得到应用，协助解决系统不互通导致的数据重复录入、重复填报的问题，减轻基层工作人员负担，优化群众的政务服务体验。

3．政务服务由被动向主动优化

借助基于大数据分析的个人画像和企业画像功能，主动服务已在商业领域得以广泛应用。为不断满足人民对美好生活的向往，政务服务也逐渐从被动审批式向主动服务式转变，"秒批""一件事一次办"等多种政务服务模式也随之出现，可更智能、更及时、更准确、更人性化感知群众、企业的政务服务诉求，从而提供主动服务。

2.3.3　由侧重政务服务向服务与治理并重提升

近年来，数字政府建设侧重于政务服务，针对企业、群众办事的难点、痛点、堵点，不断创新政务服务方式，让人民群众更有获得感、幸福感，服务满意度不断提高。与此同时，人民群众对美好生活越来越向往，对政府也提出了更高的要求。政府传统的治理模式存在一定缺陷，例如，发现问题被动、信息传递方式落后、管理粗放、效能不高等，导致社会治理水平与社会发展速度不协调，制约了经济社会均衡发展的步伐，这就要求各级政府努力运用数字化手段提升现代化治理能力和水平。

《国务院关于加强数字政府建设的指导意见》花了较大篇幅阐述数字化治理和社会治理，提出要"积极推动数字化治理模式创新，提升社会管理能力""推动社会治理模式从单向管理转向双向互动、从线下转向线上线下融合，着力提升矛盾纠纷化解、社会治安防控、公共安全保障、基层社会治理等领域数字化治理能力""提升社会矛盾化解能力"等要求。

在数字政府建设阶段，治理体系建设及治理能力提升成为数字政府建设重点，各地也做出了初步探索。例如，广东省提出打造"理念先进、管理科学、平战结合、全省一体"的"一网统管"体系，提升省域治理现代化水平，努力打造全国数字化治理示范省。上海市浦东新区探索推动"一网统管"，将经济治理、社会治理、城市治理3个平台和相关场景深化整合，更好地实现"一屏观天下，一网管全域"，构建浦东街区秩序"点、线、面"精细化、立体化、全方位治理体系。贵阳市聚焦基层治理和民生服务，提出打造1个底层平台（数智贵阳社区）作为基层治理的"眼"和"手"，形成基层治理的监测体系和操作平台；1个运营中心（数字城市运营调度中心）作为基层治理的"心"和"脑"，实现数据的汇聚和决策分析，打造"一网统管"的贵阳模式。

2.3.4 由数据资源管理向数据资产开发利用提升

随着数据开始广泛应用于政府管理服务，数据资源的开发利用越来越重要。2019年10月，党的十九届四中全会首次将"数据"增列为一种生产要素，明确提出加快培育数据要素市场，推进政府数据开放共享，提升社会数据资源价值，加强数据资源整合和安全保护，建立数据资源

产权、交易流通、跨境传输和安全等基础制度和标准规范，推动数据资源开发利用的要求。

数据的开放共享和价值利用，有利于解决政府各行政层级之间、部门之间的分割，实现业务流程优化再造、资源共享和跨部门业务协同，清除"数字鸿沟"，促进各地一体化均衡发展。目前，我国各地建成了一大批一体化的政务大数据中心和数据交换、共享、开放平台，初步实现了政务数据的汇聚、存储和政府内部的共享共用。下一步，我国将围绕数据从资源化、资产化、资本化的培育过程开展数据新型基础设施、数据运营机构和数据交易场所等核心枢纽建设，构建统一协调的公共数据运营管理体系，完善数据要素交易规则和监管机制，建立协同高效、安全有序的数据要素流通体系，培育和丰富数据要素市场。

第三章

数字政府建设新思路

我国各地不断探索数字政府的发展思路和方向，提出了"最多跑一次""一网通办""一网统管""一网协同""一网共享"等一系列先进理念，为建设服务型政府、智慧型政府、整体型政府做出了较大的贡献并取得成效。各地要坚持一盘棋统筹布局，构建和完善一体化数字政府，持续提升政府的服务和治理能力，赋能经济社会发展，不断丰富数字政府建设场景。

数字政府建设总体思路如图 3.1 所示。

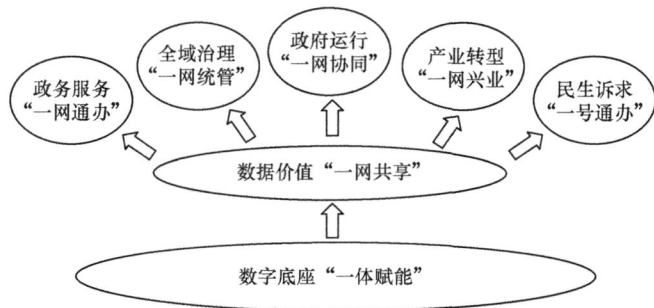

图 3.1　数字政府建设总体思路

1．数字底座"一体赋能"

要遵循"集约整合、全面互联、协同共治、共享开放、安全可信"的原则，建设集网络互联互通、数据共享交换、计算分析、通用性支撑等为一体的数字政府平台，即数字政府基础设施为数字政府建设奠定扎实的基础。

2．政务服务"一网通办"

针对政务服务中普遍存在的"跑多门、跑多次、材料多、事难办"等问题，要推动各类分散的线上线下服务渠道、服务能力、服务资源深度融合，不断提高政务服务的完备度、便捷度、成熟度，实现无差别办理，为企业和群众办事提供最大的便利。

3．全域治理"一网统管"

在生态治理、市场治理、社会治理和乡村治理等领域，要加强网格和块数据的应用，推动各领域、各层级的数据进行统一汇聚和展现，开展专题化数据挖掘和应用，建设"一网统管"的政府决策和指挥中枢。

4．政府运行"一网协同"

在政府运行方面，要从整体型政府的视角，建设并联审批、联合监管、综合决策一体化平台，实现跨地区、跨部门、跨层级联动，推动各部门开展政务流程再造，提高部门协同的效率，降低政府运行总成本。

5．数据价值"一网共享"

面对海量政务数据，要打通网间数据共享通道，健全政务数据共享协调机制，完善政务数据共享相关法律法规和标准规范，推动数据资源开发利用，提升政务数据共享管理服务水平，强化政务数据共享安全保障，推进数据要素市场化配置改革。

6．产业转型"一网兴业"

要依托数字政府企业服务平台不断优化营商环境，深化"减环节、减材料、减时间、减成本、减跑动"改革，不断挖掘数据要素价值，通过公共数据和社会数据的融合应用，推动政府由传统产业管理向赋能数字经济和数字社会发展转变。

7．民生诉求"一号通办"

推进 110、119、120、122 等紧急热线之外的政务服务便民热线归并工作，实现 12345 一个号码服务，提供"7×24"小时全天候人工服务，让企业和群众反映的问题及合理诉求及时得到处置与办理。同时，12345 热线与 110、119、120、122 等紧急热线，以及水电气热等公共事业服务热线建立应急联动机制，实现互联互通、数据共享。

第1节　数字底座"一体赋能"：集约建设新支撑

构建智能集约的数字底座是建设数字政府的重要基础，是促进数据

汇聚共享、推进业务整体协同的重要前提。传统的电子政务基础设施建设主要采用"自建自用、自营自管"模式，难以有效满足新型数字政府基础设施建设需要。《国务院关于加强数字政府建设的指导意见》提出"构建智能集约的平台支撑体系"，主要要求包括 3 个方面。**一要**依托全国一体化政务大数据体系，统筹整合现有政务云资源，构建全国一体化政务云平台体系，实现政务云资源统筹建设、互联互通、集约共享。国务院各部门政务云纳入全国一体化政务云平台体系统筹管理。各地区按照省级统筹原则开展政务云建设，集约提供政务云服务，探索建立政务云资源统一调度机制，加强一体化政务云平台资源管理和调度。**二要**强化电子政务网络统筹建设管理，促进高效共建共享，降低建设运维成本，有序推进非涉密业务专网向电子政务外网整合迁移，各地区各部门原则上不再新建业务专网。**三要**推进数字化共性应用集约建设，包括加快完善线上线下一体化统一身份认证体系，推动电子证照扩大应用领域和全国互通互认，健全全国统一的电子印章服务体系，完善信用信息公共服务平台功能，推进地理信息协同共享等。

　　数字政府建设要统筹好政务大数据、政务云、政务网资源，形成互联互通、协同联动、数据赋能、安全可靠的平台支撑能力，夯实数字政府基础支撑底座。近年来，政务上云已成为各地政府数字化转型的必选项，政务云资源为数字政府建设提供基础性支撑能力。数字政府建设要充分整合各类政务数据中心和云计算存量资源，形成集约共享的算力算法支撑能力，面向各级政务部门提供绿色集约、安全可靠的一体化算力服务，满足数字政府大规模业务承载、大数据开发利用、共性履职应用。例如，广东省采用自主安全可控的云平台技术，构建"1+N+M"的数字政府全省"一朵云"，包括 1 个省级政务云平台、N 个特色行业云平台、M 个地市级政务云平台，形成安全可靠、弹性伸缩的基础设施，支撑资源整合、管运分离、数据融合、业务贯通。广东省政务大数据中心通过技术融合、业务融合和数据融合，打破"数据孤岛"，为全省提供一体化的政务大数据公共平台服务和公共基础数据库服务，实现全省跨层级、跨地域、跨系统、跨部门、跨业务的协同管理和服务。广东省电子政务外网实现了"横向到边，纵向到底"，连通省直单位、地级市及各县（区），覆盖全省21个地级市和122个县（区），以及党委、人大、政府、政协和民主党派、法院、检察院、社会团体、事业单位、国家驻粤机构等单位。

第2节 政务服务"一网通办"：服务群众新形象

2016年《政府工作报告》中首次提出"大力推行'互联网＋政务服务'，实现部门间数据共享，让居民和企业少跑腿、好办事、不添堵"。随后，国务院出台了《关于加快推进"互联网＋政务服务"工作的指导意见》，国务院办公厅印发了《"互联网＋政务服务"技术体系建设指南》《进一步深化"互联网＋政务服务"推进政务服务"一网、一门、一次"改革实施方案》等一系列政策文件，加速推进"互联网＋政务服务"建设。

推进"互联网＋政务服务"建设，为企业和群众提供优质便捷服务是政府顺应时代要求的必然选择，也是数字政府建设的重要内容，这对提高服务效率和透明度、方便群众办事创业、进一步激发市场活力和社会创造力具有重要意义。政务服务"一网通办"是"互联网＋政务服务"改革的延续，是推进我国数字化政府建设的重要举措。"一网通办"主要有3层含义。**一是**"一网通办"平台要整合政务服务网、移动终端、实体服务大厅等线上线下服务渠道，汇集数据按照人口库、法人库、空间地理信息库、电子证照库等主题库，以"数据中台"和"业务中台"双引擎驱动实现政务服务渠道的全方位融合互通，推动跨地区、跨部门和跨层级业务的协同办理。**二是**围绕企业和群众的需求打造全覆盖的服务体系，深化平台服务的全面化和人性化，体现用户视角和需求驱动，要以"高效办成一件事"为目标，

注重前端和后台的联动发力，持续推进行政审批制度改革。三是"一网通办"平台还要和其他政务服务平台之间实现互联互通、数据共享和业务协同，坚持"共享为原则、不共享为例外"，不断优化服务流程，实现"减环节、减材料、减跑动、减时间"，提高政务服务效能。

我国多地在数字政府建设过程中，通过职能优化、业务流程再造，推进实体政务大厅、网上政务服务平台、移动客户端、自助终端、服务热线相结合，积极推进部门间数据共享，实现线上线下功能互补、融合，实体政府与虚拟政府一体化融合发展态势明显。2018 年，我国正式启动全国一体化在线政务服务平台建设，目标是将政务服务事项全部纳入平台，全面实现"一网通办"。上海市、浙江省、广东省、贵州省等深化一体化在线政务服务体系，打通部门界限、优化业务流程，围绕企业和群众眼中"一件事"为企业和群众提供集成"套餐"服务，人民群众的获得感、幸福感、满意度不断增强。例如，广东省"粤省事"将过去"以部门为中心"的办事模式转变为"以群众为中心"，用户在该平台上可以关联 90 类电子证照，处理 1800 余项政务服务，近九成事项实现"零跑动"；浙江省"浙里办"服务层级已经延伸到省、市、县（区），提供 300 多项便民应用、数万个办事事项；上海市"随申办市民云"实现了面向个人和法人办事的指南查询、在线预约、亮证扫码、进度查询、服务找茬五大功能，政务事项涉及交通出行、劳动就业、企业开办等多个公众关注度高的重点领域；安徽省的"皖事通"推出了电子社保卡、电子身份证明、二级建造师执业资格证书、建筑企业资质证书等 11 类电子证照，并将电子证照的应用落到实处。

第 3 节　全域治理"一网统管"：共治共享新格局

治理是指政党、政府、公众、组织、企业等各种力量之间按照一定制度、规则相互协调，实现各方利益、权力、责任平衡，共同管理社会事务和公共事务，从而达到经济社会和国家运行稳定有序的状态。国家治理体系和治理能力是一个国家制度建设和执行能力的集中体现。其中，国家治理体系是党领导下的管理国家的制度体系，包括政治、经济、文化、社会、生态文明和党的建设等各领域体制机制、法律法规，也就是一整套紧密相连、相互协调的国家制度；国家治理能力则是运用国家制度管理社会各个方面事务的能力，包括改革发展稳定、内政外交国防、治党治国治军等方面。

数字政府的建设离不开人民群众的参与，要完善社会参与机制，拓展多元主体的参与渠道，让人民群众成为社会治理的参与者、受益者和评判者，构筑起共建共治共享的社会治理体系。"一网统管"以新一代信息技术和手段汇聚海量数据，利用数据赋能社会和城市的治理，满足多元主体对治理体系和治理能力的多样化诉求，推动企业、社会团体、群众等多元主体广泛参与和协同共治，形成有效合力，构筑起共建、共治、共享的数字社会治理体系，提升全域治理的数字化、可视化、移动化水平，实现数字政府治理能力的精细化，助推各级政府决策向智慧化转变。

我国各级政府的治理仍存在与数字技术融合不足、资源整合不深、协同配合不够、"不缺条线缺协同"等问题。"一网统管"作为数字政府建设的新场景，将成为条线治理走向协同治理的关键抓手。政府要进一步将数据赋能、大数据思维等理念与社会治理有机融合，大力推进5G、大数据、云计算等新技术的应用，为社会治理提供技术支撑：一方面，要实施对基础设施的数字化、网络化、智能化的更新与改造，增强对基层社会治理系统运作的感知能力，提高治理水平和效率；另一方面，要积极建设智能化基层治理体系，推进"数字化＋网格化""互联网＋社区治理"建设，实现基层社会治理"一网统管"，提高基层社会治理的精准性和有效性。

"一网统管"的重心在于基层治理。基层治理是国家治理的基石，统筹推进镇（街道）和城乡社区治理，是实现国家治理体系和治理能力现代化的基础工程。目前，全国各省市不断强化基层社会治理，全面推行城乡网格化管理，将党建、综治、城管、安全生产、食品安全等多个部门纳入统一网格体系，实行统一编码管理和一个网格管到底，实施村（社区）管理"网格化＋信息化"全覆盖，将网格内的人、地、事、物、组织等要素进行"一网统管"。

"一网统管"通过先进的数字技术推动治理和服务重心向基层下移，连通各部门应用专题和各地区的城市运行管理平台，形成跨部门、跨区域、跨层级的有效协同，打造横向到边、纵向到底、全闭环的数字化治理体系，辅助管理者施策精准化，支撑行业管理精细化，赋能基层治理精确化，充分发挥数据赋能、信息调度、趋势研判等作用，实现对全区域的整体状态即时感知、全局分析和智能预警，实现各类治理要素"可感、可视、可控、可治"，实现"一网感知态势、一网纵观全局、一网决策指挥、一网协同共治"，提升治理的科学化、精细化、智能化水平，形成政府为企业和群众提供公共管理和服务的新模式，推动基层治理从低效向高效转变，从被动向主动转变。

第 4 节　政府运行"一网协同"：部门联动新模式

在我国的政治制度下，党委、人大、政协等相关组织机构各有分工且与政府各部门联系紧密。党群工作的开展需要基层部门之间相互协同，人大依法行使职权、政协高效参政议政都需要与政府各相关部门之间进行数据打通。数字政府的发展是政府内部各层级、各部门、各区域协同共治的过程。协同是指通过合作来提升多个主体达成共同目标的能力，涵盖政府内部纵向协调、横向合作，政府与外部主体、外部主体间的协同。畅通政府与党委、人大、政协，以及政府内部相关委办局的协同渠道，推动政府运行"一网协同"，是数字政府改革建设的重要目标。

政府运行"一网协同"是指以"智慧、快捷、安全"为核心，利用信息技术手段进行跨部门业务协作，建设政务信息资源共享系统，实现政府部门互联互通，通过业务流程的优化和再造，支撑部门间的资源共享和业务协同，最终使政府资源得到充分利用，部门协作效率得到极大提升，构建一体化整体型政府。整体型政府通过数据汇合、业务整合和组织融合，以数字技术对政府业务流程进行重塑再造、信息共享和权力重构，消弭政府治理的碎片化、割裂化、交叉化困境，实现公共服务的"一站式、无缝隙"供给。整体型政府需要实现 3 个方面的协同：**一是**从中央到地方，不同层级的政府纵向协同，运用数字技术突破传统科层制组织间的信息沟通障碍，促进纵向政府的扁平化与网络化；**二是**不同职能的部门横向协同，以网络整合、业务融通取代单纯的物理整合，通过内部业务的整合实现对外服务的便捷；**三是**公私部门间的合作关系与整体协作，构建自上而下的矩阵式、协同化、生态化组织。

政府运行"一网协同"建设，一方面利用信息化技术打破各级政府部门内部业务壁垒，打通数据流通壁垒，以全局、整体的思路整合资源、优化流程，在政府与党委、人大、政协等组织间建立协作机制，从而推动政府治理更加高效，推进党群与民主法治现代化建设步伐；另一方面以一体化、便捷化、智能化的管理和服务，进一步提高政府高效办文、办会、办事能力。

各地政府在政府运行"一网协同"建设上进行了各种尝试，在重塑组织内部业务流程方面做出许多创新实践。广东省全面构建"指尖政府"，通过"粤政易"平台实现与内部业务系统连通；通过"粤视会"平台实现各级政府部门视频会议系统全覆盖；通过政府网站集约化平台的建设，提升政府网站资源优化融合。截至 2021 年 7 月，"粤政易"已为广东省 21 个地级市、11 万个组织机构，总计超过 166 万名公职人员开通账户，接入政务应用 600 多项，满足了政府和企事业单位内部办文、办会、办事等大量业务需求。"粤政易"累计访问超 8000 万次、公文交换达 350 余万份，每天收发消息超 600 万条，公文处理效率提升超过40%。浙江省通过"浙政钉"助力经济调节、市场监管、公共服务、社会管理、生态环境保护等政府职能数字化转型重点领域应用整合。截至2022 年 6 月，"浙政钉"已覆盖浙江省 11 个地级市，注册用户数量达180 万，日活率达到 82.4%。

第 5 节　数据价值"一网共享"：业务协同新机制

目前，我国已经建成了人口、法人单位、空间地理和自然资源、宏观经济基础数据库，以及投资、价格、公共资源交易、就业、社保等主题性数据资源，亟待深度开发利用和有序开放。

实现数据资源"一网共享"，需要围绕机制通、数据通、平台通和优化提升算力资源入手。

一是要自上而下，从中央到地方，构建数据共享开放协调机制。要运用大数据提升国家治理现代化水平，推进数字政府建设，要实现国家、省（直辖市、自治区）、市、县（区）的数据共享平台互联互通，提高政务服务在线办理效率，进一步加大政务数据开放力度，在开放数据的质量、内容、深度等方面下功夫。党中央、国务院在《中共中央关于制定国民经济和社会发展第十四个五年规划和二〇三五年远景目标的建议》中要求建立数据资源产权、交易流通、跨境传输和安全保护等基础制度和标准规范，推动数据资源开发利用；扩大基础公共信息数据有序开放，建设国家数据统一共享开放平台。2021 年 2 月，国务院办公厅印发《关于建立健全政务数据共享协调机制加快推进数据有序共享的意见》，从协调机制、技术支撑、共享管理、安全保障、法律法规和标准规范、保障措施等方面对政务数据共享工作提出了明确要求，要求加强数据共享工作组织领导，增强政务数据共享技术支撑能力，提升政务数据共享管理服务水平，强化政务数据共享安全保障，完善政务数据共享相关法律法规和标准规范。

二是要完善数据流通制度，培育数据产业和数据交易市场。 要撮合数据需求方和供给方对接，促进政务数据与社会数据、企业数据互连对接，使数据要素资源跨界共享利用，从而促使政府更好地利用社会数据研判经济社会发展形势，科学决策，同时使社会企业充分利用政府数据，政府数据与社会数据融合将会产生倍增效用。数据资源是推进国家治理体系和治理能力现代化的要素，是实现业务协同的最有效手段之一，要加快推动政务数据、公共数据、社会数据的多源汇聚、深度融合、共享开放和开发利用，进一步发挥数据的基础资源作用和创新赋能作用，推动数据赋能决策、服务、执行、监督履职，全面支撑各领域数字化改革需求，提高政府决策科学化水平和管理服务效能。此外，要积极构建数据共享在农业、工业、交通等领域的应用场景，以业务需求带动数据流通，持续释放数据要素价值。

三是要构建一体化支撑平台，明确运营机构，统一进行数据管理和服务。 目前，我国大部分省（直辖市、自治区）组建了专门的数据管理机构，建成了一大批一体化的政务大数据中心和数据交换、共享、开放平台，初步实现了政务数据的汇聚、存储和政府内部的共享共用，这些数据和平台在各种业务协同，特别是疫情防控中发挥了重大作用。下一阶段，各级政府要进一步推动将数字技术广泛应用于政府管理服务，提升"用数据说话、用数据管理、用数据决策、用数据服务"的能力。

四是要进一步提升数据计算能力。 随着亿万级数据的涌现，大规模

数据的存储、连通共享、快速处理与分析成为数字政府建设发展中的重要挑战。针对海量数据和复杂的计算场景，政府部门亟须扩展其算力平台，以处理复杂计算场景下的计算。在此背景下，2022 年 2 月，国家发展改革委、中央网信办、工业和信息化部、国家能源局联合印发文件，同意在京津冀、长三角、粤港澳大湾区、成渝、内蒙古、贵州、甘肃、宁夏启动建设 8 个国家算力枢纽节点，并规划了张家口集群、长三角生态绿色一体化发展示范区集群、芜湖集群、韶关集群、天府集群、重庆集群、贵安集群、和林格尔集群、庆阳集群、中卫集群 10 个国家数据中心集群。至此，全国一体化大数据中心体系完成总体布局设计，"东数西算"工程正式全面启动。通过构建数据中心、云计算、大数据一体化的新型算力网络体系，将东部算力需求有序引导到西部，优化数据中心建设布局，促进东西部协同联动。此外，我们也要充分利用现有政务大数据中心的数据存储计算、分析处理能力，丰富完善各类数据库，优化政务信息资源共享交换平台，进一步畅通"上下互联、横向贯通"的政务网络，减少和优化行业专网，实现行业专网与政务外网的融合，破除行业壁垒和"数据孤岛"，实现数据共享交换平台和网络的互联互通。

为了更好地利用数据资源，在中央的统一部署与领导下，地方各级政府积极响应，携手科技企业共建大数据平台，推进政府数字化转型战略的实施。例如，上海市组建国有控股混合所有制企业——上海市大数据股份有限公司，该公司围绕政府对公共大数据的管理和应用要求，提供从数据存储、数据安全、数据治理、数据分析与挖掘，以及数据运维全方位的大数据管理服务，满足政府对提高城市治理和公共服务水平的要求，挖掘包括政府数据在内的公共数据的商业化价值，促进社会经济文化发展，致力于成为智慧城市建设的主力军、国内大数据应用领域的领军企业和全球领先的公共大数据管理和价值挖掘解决方案提供商。

福建省设立省管国有全资企业——福建省大数据集团有限公司，负责贯彻落实"把数字福建建设作为推动高质量发展的基础性先导性工程"决策部署，负责福建省级电子政务网络、云、平台等系统的建设和运维及全省公共数据资源的一级开发。

贵州省组建云上贵州大数据产业发展有限公司，该公司专注于数字政务服务领域，围绕政务信息化、信创工程、云服务、信息安全、数据治理与开发应用等主营业务，服务贵州省大数据战略行动和国家大数据（贵州）综合试验区建设，形成以"云上贵州"为核心的全产业链、全价值链、全服务链的大数据产业生态圈。

陕西省批准成立和唯一授权运营省市两级政府政务数据的国有控股（多元股权）混合所有制企业——陕西省大数据集团有限公司，该公司围绕"盘活政府数据，带动社会数据，引导产业发展"的职责使命，深耕大数据、云计算和信息化行业，面向政府机关、企事业单位和各行各业提供信息系统集成、软硬件研发和数据开发应用服务。

第6节　产业转型"一网兴业"：数字经济新动能

数字经济是指以数字化的知识和信息为关键生产要素，以数字技术创新为核心驱动力，以现代化信息网络为重要载体，通过数字技术与实体经济深度融合，不断提高传统产业数字化、智能化水平，加速重构经济发展与政府治理模式的一系列经济活动。

近年来，我国数字经济发展始终呈现稳中向好的发展态势，产业规模持续快速增长，已多年稳居世界第二。据中国信息通信研究院发布的《中国数字经济发展报告（2022年）》，2012—2021年，中国数字经济规模从11万亿元增长到超45万亿元，数字经济占国内生产总值比重由21.6%提升至39.8%。国务院在《"十四五"数字经济发展规划》中提

到，到 2025 年，数字经济迈向全面扩展期，数字经济核心产业增加值占 GDP 比重要达到 10%，数字化创新引领发展能力大幅提升，智能化水平明显增强，数字技术与实体经济融合取得显著成效，数字经济治理体系更加完善，我国数字经济竞争力和影响力稳步提升。

一流营商环境是促进数字经济发展的前提，数字政府建设是加快营商环境提质升级的有利抓手。我国各地依托数字政府建设，推动"放管服"改革，再创营商环境新优势，推动经济高质量发展，通过互联网、大数据、人工智能等新一代信息技术应用和数据资源开放共享，推动政府服务模式创新和业务流程再造，围绕企业和群众眼中"一件事"为企业和群众提供集成"套餐"服务。例如，广州市对标世界银行和国家营商环境评价，把优化营商环境作为重点工程，先后实施营商环境 1.0、2.0、3.0 改革，从《广州市营商环境综合改革试点实施方案》到《广州市进一步优化营商环境的若干措施》，再到《广州市对标国际先进水平全面优化营商环境的若干措施》，持续深化、细化改革，实现了营商环境改革"三级跳"。广州市积极探索解决企业"注销难、注销烦"问题，推行市场监管、税务、社保、商务、公安、银行等部门信息共享，优化企业一般注销和简易注销登记程序，实现了注销企业"一事一网一窗"办理，将企业注销公告时间由 45 天压减至 20 天，实现一般企业注销在材料齐全、程序合法的情况下即来即办，推动实现企业注销"一网"服务。

推动传统产业实现数字化转型是数字政府建设的重要目标。随着数字政府建设的深入推进，数字技术正为政府职能转变注入新的活力和更多可能，数字政府服务经济社会发展的能力不断增强。在数字技术的支撑下，各地政府纷纷实施各种举措推动数字经济的发展。一方面，数字政府建设有利于改善营商环境，维护市场秩序，释放市场主体的创新活力和内生动力，为企业的自主经营、公平竞争及消费者自主选择创造条件，从而为数字经济的快速发展提供环境和土壤，推动产业数字化的快速发展；另一方面，数字政府建设也产生了大量的数据资源和数字化需求，打造数字化转型的样板，促进传统产业和数字产业融合，为数字经济的发展提供了新场景，推动了数字产业化的进程。

当下，多地积极打造数字经济产业园，推进数据流通以及数据交易市场有序运转，实现开放共享的数据价值创造。以贵州省为例，其整合了多方资源，通过政策、高效科研、人才、数据等资源支撑，成功推进了贵安数字经济产业园项目落地。贵安数字经济产业园发展"资源型、技术型、融合型、服务型"四型数字经济，打造西部数字经济引领示范区。贵安数字经济产业园如图3.2所示。

图 3.2 贵安数字经济产业园

深圳市以打造数字经济样板城市为目标，加快推动产业数字化、数字产业化，依靠信息技术创新驱动，不断催生新产业、新业态、新模式，用新动能推动新发展。深圳市金融管理机构通过打造大数据分析平台，汇聚各类企业的资产抵押、实时生产画面、经营数据及用水用电情况等数据，形成对中小企业的综合评价，金融机构根据综合评价结果并结合自身信贷融资算法，综合分析需融资的中小企业的经营现状、信用情况等，分析判断并最终提供相应的贷款，帮助中小企业实现健康生产或扩大再生产。

第 7 节 民生诉求"一号通办"：便民热线新方案

12345 热线是指各地政府设立的由电话 12345、市长信箱、手机短信、手机客户端、微博、微信等方式组成的专门受理热线事项的公共服务平台，提供"7×24"小时全天候人工服务。

在国家层面，2016 年国家标准化管理委员会发布了 GB / T 33358—2016《政府热线服务规范》和 GB / T 33357—2016《政府热线服务评价》，规定政府热线的基本要求、服务内容与要求、服务质量控制、服务评价与改进，并对政府热线服务评价的原则、要素、流程、方法结果等内容做出进一步规范，政府热线建设标准体系基本确立。在地方政府层面，各地纷纷制定省（直辖市、自治区）、市、县（区）一体化的政府热线数据交换标准，实现省（直辖市、自治区）、市、县（区）多级一体化建设。作为国家标准化试点地区的济南市，2018 年颁布地方性法规《济南市 12345 市民服务热线条例》，对政府热线的职责分工、来电人的权利义务、受理办理和督办考核机制做出了详细规定，构建了一套政府热线服务平台运营与管理的标准化框架。

2021 年 1 月，国务院办公厅印发《关于进一步优化地方政务服务便民热线的指导意见》。该意见明确各地设立的政务服务便民热线实现一个号码服务，各地归并后的热线统一为"12345 政务服务便民热线"，提供"7×24"小时全天候人工服务，实现"一号通办"。该意见要求，加快推进除 110、119、120、122 等紧急热线外的政务服务便民热线归并。12345 热线按照"应合必合、应接必接"的原则，分类整合各级各部门设立的面向公众提供业务查询、咨询、投诉、求助、公共服务、意见建议征集、民意调查等非紧急类政务热线。2022 年 5 月，国务院办公厅印发《关于推动 12345 政务服务便民热线与 110 报警服务台高效对接联动的意见》，提出要全面实现 12345 热线与 110 平台互联互通、相关数据资源共享。

目前，12345 热线已进入移动化、智能化发展新阶段。随拍随诉、随讲随诉、智能接诉、未接先判等政务服务便民热线新场景应运而生。

一是要拓展微信、微博、短视频平台等互联网渠道，实现亲民化与互动化接入。通过多渠道"随手拍、随心讲"，群众在第一时间能够通过图片、音频、视频等富媒体方式，对城市管理、道路和公路交通安全、市政路桥、噪声污染、环境保护等多类诉求进行便捷上传，实现随拍随诉、随讲随诉。

二是设置热线 12345"企业营商服务"专席，提供 24 小时服务企业不打烊服务。企业服务专席接听受理企业咨询类诉求，根据企业开办、经营、注销全过程中关注的热点诉求问题，为企业提供企业设立、企业办事、税收服务、优惠政策等咨询服务。构建企业服务知识专题库，汇集企业开办流程、惠企政策信息等内容，话务人员根据企业服务知识专题库进行在线解答，无法立即答复的事项，企业服务专席将转派至承办部门解决。

三是积极应用交互式语音应答、座席助手智能接诉服务。通过语音、微信、网站、App 向群众提供智能应答、智能查询服务，推进"自助查询""自助下单"等前置分流。开发智能座席助手，探索覆盖消费维权、公积金等业务听写、地址标准化、划词填写、知识库智能联动、重复工单研判效果、标准话术提醒等功能，可实现热线解答过程全程监控，实时分析，发现话务解答问题，找准民生热点诉求，实现智能响应、可视化诉求接入。

四是要打造热点诉求未接先判的主动服务。基于人工智能技术建设 12345 热线数据分析系统，开展人口统计、社会经济状况、心理特征、

客户意向等大数据分析，针对企业及群众关切问题形成热线用户画像。依据用户画像及热线数据，针对民生服务、企业营商、社会治理等不同场景，开展多维度专题分析，找出广受关注的民生问题和投诉方向，针对同区域、同时段高频事项开展智能在线客服提前分流，主动服务，实现未接先判。同时，针对诉求背后的政策空白、监管盲区等社会治理症结，及时向相关承办部门推送预警信息。

第四章

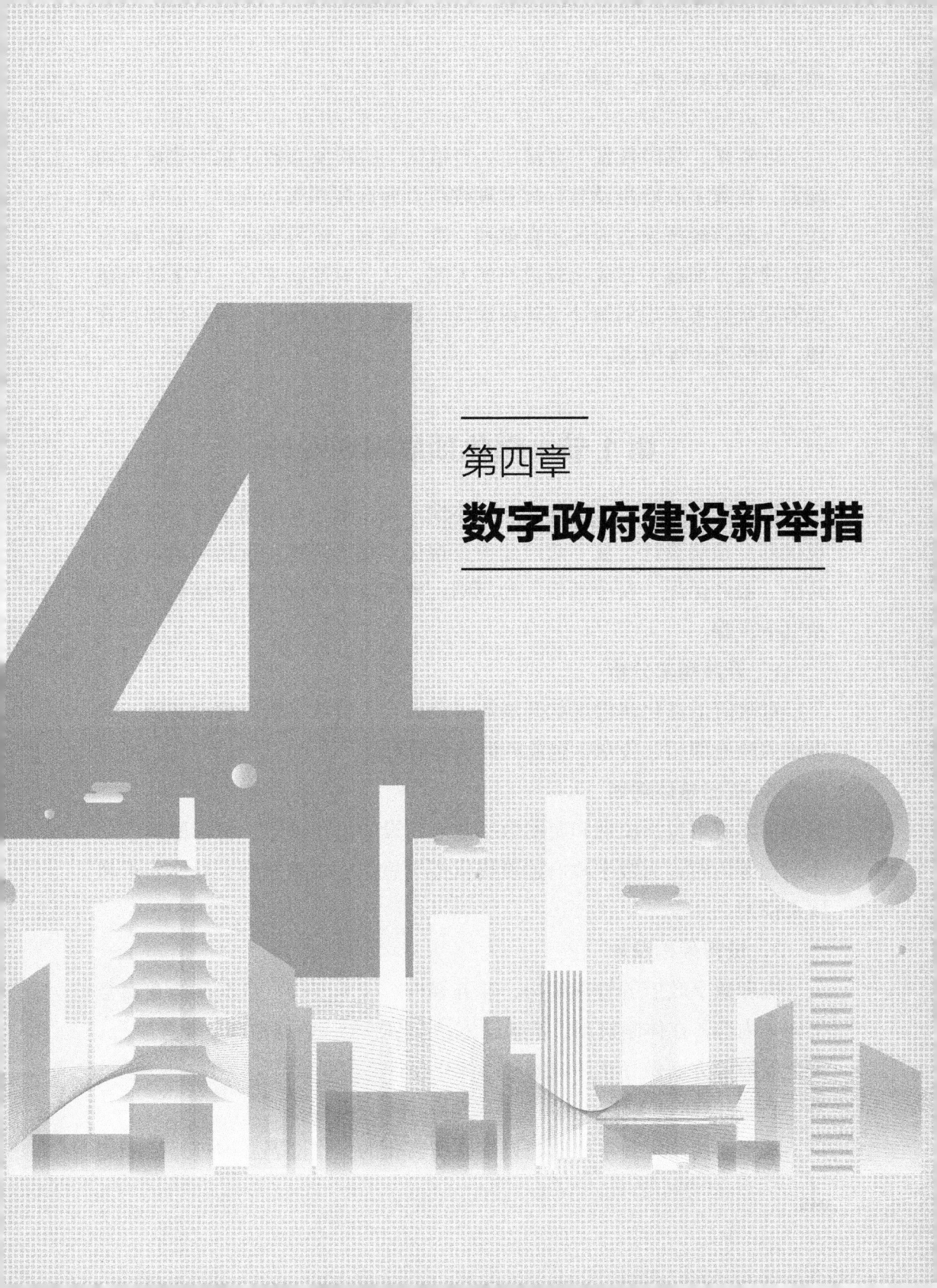

数字政府建设新举措

近年来，我国各省（直辖市、自治区）纷纷发布数字政府建设行动规划，在数字政府建设与行政管理改革方面开展探索与创新。广东、浙江、上海等经济发达地区走在前列，统一规划，统筹推进，在数字政府改革建设方面逐步形成比较成熟的方案。从已有经验来看，数字政府建设需要统筹考虑规划设计、建设运营、数据管理与保护、信息化项目管理、网络安全等内容。

第 1 节　强化顶层规划设计

数字政府建设属于系统性、整体性工程，牵一发而动全身，需要宏观谋划、顶层设计。数字政府建设要遵循"整体统筹、创新驱动、开放共治、服务优先、安全可信"的原则。数字政府建设的实施路径一般包括以下步骤。

1. 开展需求分析

对政府信息化建设现状开展需求调研，了解数字政府建设基础，明确相关政府部门、公众、企业的诉求和需要。

2. 提出总体规划

总体规划包括梳理和明确数字政府建设的思想理念、目标愿景、总体架构等内容，为数字政府建设提供指导思想、实施原则、总体要求和体系框架。

3. 进行架构设计

梳理数字政府的管理架构、业务架构、技术架构、数据架构及安全架构等内容，在体制机制、基础设施、支撑平台、数据治理、业务融合、安全保障等方面做好整体统筹和一体化设计。

4. 开展建设实施

基于架构制定数字政府建设实施所需要的工作部署、推进路径和实施保障措施，确定相关部门之间的分工职责和进度计划要求，全方面发力推进数字政府改革建设。

数字政府建设实施路径如图 4.1 所示。

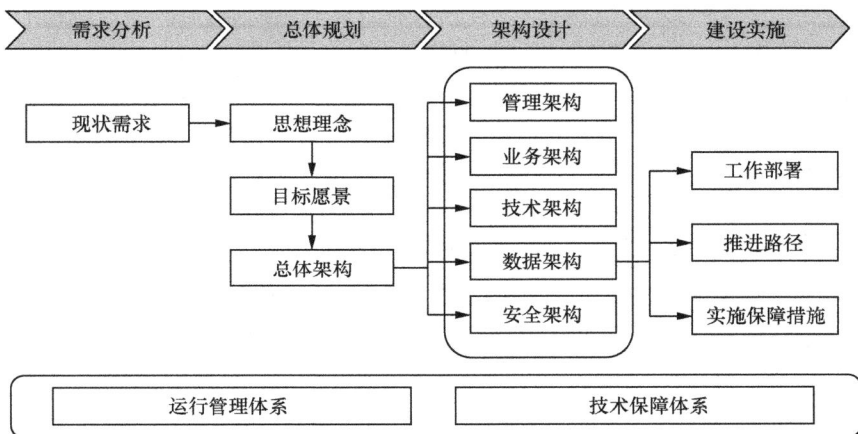

图 4.1 数字政府建设实施路径

4.1.1 数字政府建设的顶层规划

2018 年，国务院印发《进一步深化"互联网＋政务服务"推进政务服务"一网、一门、一次"改革实施方案的通知》《关于加快推进全国一体化在线政务服务平台建设的指导意见》。2022 年 6 月，《国务院关于加强数字政府建设的指导意见》印发。这些政策文件作为我国数字政府建设的顶层设计，为我国开展数字政府建设指明了方向。

目前，我国数字政府建设需要遵循互联网思维和系统思维，通过基础设施、数据资源、业务应用和服务能力的共建共享，实现跨部门、跨区域、跨层级的协调与协同，构建服务高效、治理精准、决策科学的政府。为此，数字政府需要系统性、体系化考虑总体架构设计。

数字政府总体架构一般可分为基础设施层、公共支撑层、数据服务层和业务应用层。数字政府的总体架构中各层上下连通，相互协作，共同支撑整体数字政府建设。数字政府总体架构如图 4.2 所示。

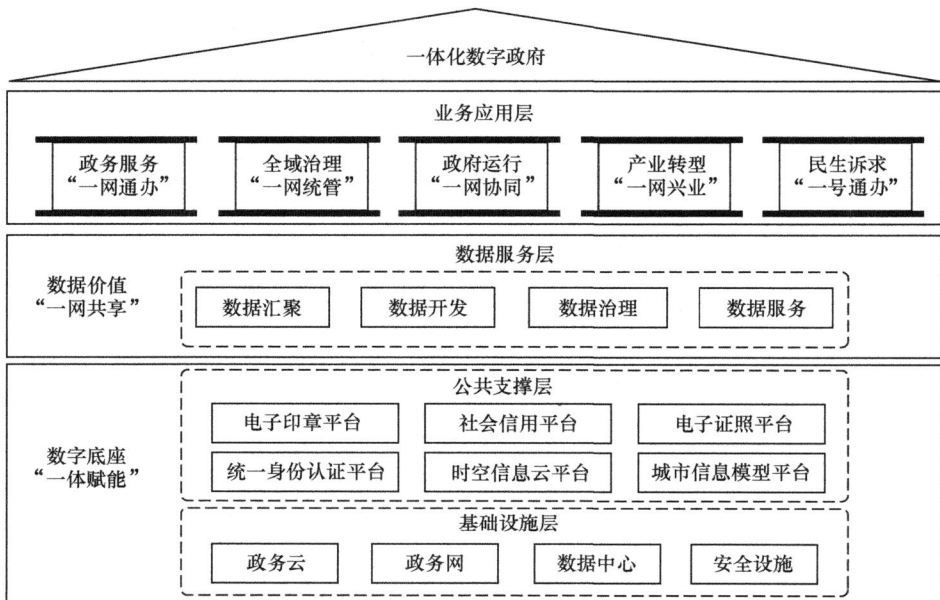

图 4.2 数字政府总体架构

其中，基础设施层以政务云、政务网、数据中心和安全设施为重点，构建推进政府数字化转型的数字基础环境，实现共建共享。

公共支撑层通过建设电子印章平台、社会信用平台、电子证照平台、统一身份认证平台、时空信息云平台、城市信息模型平台等通用共性支撑平台，为相关应用提供统一的数据、开发工具和平台支撑服务。

数据服务层包含数据汇聚、数据开发、数据治理、数据服务等内容。数据资源层以数据为纽带，基于大数据技术，依据统一的数据标准规范，对数据进行汇聚和融合，实现数据接入、数据处理、数据存储、数据共享开放等功能，汇聚各类公共数据资源至相关的基础数据库、主题数据库、专题数据库，同时，提供数据治理和效能评估工具，实现数据的按需共享和安全合法利用。

业务应用层包含政务服务、全域治理、政府运行、产业转型、民生诉求等相关应用，构建跨业务和跨部门综合协同平台，以及党建、生态、城管、市监、卫健等主题应用，推进数字政府在政务服务、营商环境、社会治理、文化发展、环境保护等领域全面深入应用，最终实现服务一体化、监管协同化、管理集约化、业务创新化、技术平台化、数据流动化等数字政府建设目标。

4.1.2　各省（直辖市、自治区）的数字政府规划重点

在党中央、国务院的统筹领导下，各地政府积极探索，以顶层设计为突破口和切入点，出台了各具特色的数字政府顶层设计和实施方案，推动了数字政府改革的快速落地。据不完全统计，目前，全国超过半数的省（直辖市、自治区）出台了数字政府建设相关的"十四五"专项规划。例如，江苏省提出到2025年基本建成基于数字和网络空间的唯实领先的数字政府；浙江省提出到2025年基本建成"整体智治、唯实惟先"的现代政府；广东省提出到2025年全面建成"智领粤政、善治为民"的"广东数字政府2.0"；四川省提出到2025年数字政府建设整体水平迈入全国先进行列。

31省（直辖市、自治区）数字政府规划的重点内容如下。[1]

1. 北京市

到2025年，北京市将成为全球新型智慧城市的标杆城市，统筹规范的城市感知体系基本建成，城市数字新底座稳固夯实，整体数据治理能力大幅提升，全域场景应用智慧化水平大幅跃升，"一网通办"惠民服务便捷高效，"一网统管"城市治理智能协同，城市科技开放创新生态基本形成，城市安全综合保障能力全面增强，数字经济发展软环境不断优化，基本建成根基强韧、高效协同、蓬勃发展的新一代智慧城市有机体，有力促进数字政府、数字社会和数字经济发展，全面支撑首都治理体系和治理能力现代化建设，为京津冀协同发展、"一带一路"国际

1　资料来源于贵州省大数据发展管理局网站《31省市数字政府"十四五"规划重点》。

合作提供高质量发展平台。

2．天津市

到 2025 年，天津市数字治理得到新提升。天津市政府将加快建设智慧天津"一网统管"城市治理体系，建设 50 个数字治理典型应用场景，形成一体化社会治理新格局。天津市依托"城市大脑"开展城市基础设施管理、城市运行态势监管、公共事件预警预报，实现全要素管理和服务数据的采集汇聚，以及市、县（区）、镇（街道）三级业务联动，进一步深化信息技术在交通管理、环境监测、治安防控等领域的应用，提升城市治理监管水平，实现重要路口、路段交通诱导覆盖率 100%、重大危险源高危工艺实时参数接入率 100%、城市管理事件办结率 100%，打通市、县（区）、镇（街道）各级应急信息传递链路，形成全覆盖的应急指挥系统，实现应急管理专业化、精细化、智能化。

3．上海市

到 2025 年，上海市实现强化精细高效的数字治理综合能力。上海市"一网通办"政策实现从"好用"向"爱用""常用"转变，全方位服务体系基本建成。"一网统管"聚焦"一屏观天下，一网管全城"，推动态势全面感知、趋势智能预判、资源统筹调度、行动人机协同。

4．四川省

到 2025 年，四川省数字政府建设整体水平迈入全国先进行列，全面建成协同高效、治理精准、决策科学、人民满意的数字政府，开启数据驱动政务服务和政务运行新模式。

5．重庆市

重庆市将完善服务事项办事指南和办理流程，推动公安、税务、社保等部门互联网端信息系统与"渝快办"平台深度融合，实现政务服务事项统一入口、统一预约、统一受理、统一赋码、协同办理、统一反馈，推进政务服务事项全流程网上办理。到 2025 年，重庆市实现政务服务跨区域、跨层级、跨部门的"一号申请、一窗受理、一网通办",95% 的基本公共服务事项可在网上办理。

6. 河北省

到 2025 年,河北省将建成全省统一的政务云和政务数据共享服务体系,基础数据库和重点领域主题数据库不断完善,机关政务普遍电子化,一体化政务服务平台贯通省、市、县(区)、镇(街道)、村(社区),服务民生的重点政务应用实现全国异地"一网通办",政务服务信息化、网络化、数字化能力和水平不断提高。

7. 山西省

到 2025 年,山西省的行政体系将更加完善,政府作用更好发挥,行政效能和公信力显著提升,职责明确、依法行政的政府治理体系更加健全,法治政府、廉洁政府、服务政府、效能政府、数字政府建设取得显著成效,政府治理的规范化、制度化、法治化程度大幅提高,依法治理、科学治理、民主治理能力有效提升,社会治理特别是基层治理水平明显提高,防范化解重大风险体制机制不断健全,突发事件应急能力显著增强,为在转型发展上率先蹚出一条新路提供坚实保障。2035 年,山西省将基本实现政府治理能力现代化,职责明确、依法行政的政府治理体系全面构建,治晋、兴晋、强晋的政府治理制度机制更加完备,为推进和实现国家治理体系和治理能力现代化提供"山西方案",打造"山西样板"。

8. 辽宁省

辽宁省以构建智慧高效的数字政府为目标,按照一年强基础、两年更完善、三年上台阶的路径,用数字化思维"倒逼"改革,推进政务服务"一网通办"、社会治理"一网统管"、政府运行"一网协同",打造"上联国家、纵向到底、横向到边、整体智治"的数字政府运行体系,实现政府治理全领域、全业务、全流程的数字化、网络化、智能化。辽宁省将成为政务服务便捷高效的标杆示范之省、政府治理现代化的整体智治之省、数据共享的高效协同之省、数治营商的制度创新之省、数字政府与数字经济有机衔接的数字生态之省。

9．吉林省

2023 年年底前，吉林省基本建成"纵向贯通、横向协同、上接国家、覆盖全省"的"吉林祥云"云网一体化核心基础设施体系，全面推行"互联网＋政务服务"和"互联网＋监管"，全面实行政府权责清单制度，推进电子证照全覆盖，非涉密政务服务事项实现"全程网办""跨省通办"，80% 以上的事项实现"掌上办""指尖办"，高频政务服务事项网办发生率达到 85% 以上，"一件事一次办"主题集成服务系统建设达到全国先进水平，政务服务"好差评"实现全覆盖，数字政府建设进入全国第一方阵。2025 年年底前，吉林省政务服务流程和模式持续优化，网上政务服务能力全面提升，高频政务服务事项网办发生率达到 90% 以上，数字政府建设达到全国先进水平。

10．黑龙江省

到 2025 年，黑龙江省基本建成全省一体化数字政府，数字基础支撑能力大幅度提升，政府治理能力和治理水平显著提升，营商环境大幅改善，力争全省数字政府建设主要指标达到全国中上游水平。到 2035 年，黑龙江省建成以数据要素驱动的现代化数字政府，数字化驱动政府深化改革成效凸显，建成全国营商环境最优、企业和群众获得感最强的省份之一。

11．江苏省

到 2025 年，江苏省基本建成基于数字和网络空间的唯实领先的数字政府，适应在率先实现社会主义现代化上走在前列的要求，"用数据服务、用数据治理、用数据决策、用数据创新"形成常态，政府效能显著提升，数字化、智能化、一体化水平位居全国前列。到 2035 年，江苏省数字治理体系和能力现代化基本实现，"数字化、智能化、一体化"现代一流数字政府全面建成，数字化驱动全省高质量发展动能接续转换，推动"强富美高"

新江苏现代化建设迈上新的台阶。

12．浙江省

到 2025 年，浙江省形成比较成熟完备的数字政府实践体系、理论体系、制度体系，基本建成"整体智治、唯实惟先"的现代政府，省域治理现代化先行示范作用显现。到 2035 年，浙江省数字化驱动政府深化改革和生产关系变革成效凸显，数据要素流通机制健全，全面实现用数据决策、用数据服务、用数据治理、用数据创新。

13．安徽省

安徽省推动政务信息化共建共用。加快建设全省一体化政务云平台，布局 1 个省级政务云平台、16 个市级政务云节点、N 个行业云，打造全省政务"一朵云"。统筹全省电子政务灾备体系建设，增强电子政务灾备能力。优化提升省电子政务外网，打造数据流量和视频流量高效传输的电子政务外网骨干网，推进电子政务外网与部门非涉密业务专网的互联互通，建成覆盖全省电子政务外网"一张网"。

安徽省提高数字化政务服务效能，围绕"政府一个平台推服务，群众一个平台找政府"的目标，全面升级打造"皖事通办"平台，集成一批公共应用支撑，提供无差别、全覆盖、高质量、高效便利的政务服务和社会服务。安徽省创新政务服务方式，完善政务服务地图，推出更多服务事项"网上办、掌上办、自助办、窗口办、电视办"；推进高频政务服务事项"跨省通办"，推行跨部门、跨层级、跨区域事项"一件事一次办"；深入推进省政府五大系统广泛应用，完善"互联网＋监管"系统功能，拓展应用范围。

14．福建省

到 2025 年，新时代数字福建建设基本实现"数字政府智治化、数字经济高端化、数字社会智慧化、数据要素价值化"，成为全方位推进高质量发展超越的强大引擎，成为数字中国建设样板区。福建省高标准打造协同高效的数字政府，建成数字政府改革先行省。实现政务数据纵横全贯通，业务事项各方全协同，一体化政务服务平台全集成，依申请服务事项一网全通办，无纸化移动办公全覆盖，政务服务全面实现"一网好办"。到 2035 年，福建省形成现代化数字政府、数字经济和数字社会融合发展体系，基本建成现代化数字强省。

15．江西省

江西省将深化"放管服"改革，进一步向国家级开发区和市、县（区）两级放权赋能。打通数据壁垒，深化综合窗口和"一件事一次办"改革，全面推行"一网通办""一照通办"，在低风险行业全面推行告知承诺制。打造"赣服通"5.0 版，形成"赣服通"前端受理、"赣政通"后端办理的政务服务新模式。梳理集成惠企政策，建设政策兑现"惠企通"，推广免申即享模式。构建涉企营商环境问题快速处置机制，发挥非公有制企业维权服务中心作用，努力实现"中心吹哨、部门报到"。开展营商环境创新试点，进一步打响"江西办事不用求人、江西办事依法依规、江西办事便捷高效、江西办事暖心爽心"的营商环境品牌，争当全国政务服务满意度一等省份。

16．山东省

山东省打造整体高效的数字政府，围绕加快政务服务模式重构、推动政府治理范式重塑、推进机关运行流程再造、实施数字政府强基工程 4 个方面，全面推进政府治理体系和治理能力现代化。到 2025 年，山东省统一的"云、网、数、用"体系不断完善，全面建成数字机关，企业和群众找政府办事"线上只进一网、线下只进一窗"，省级及以下政府部门出具的实体证照证明"免提交"，基本建成整体、泛在、高效、透明的数字政府，打造一流数字化营商环境，成为全国公共服务和政府治理示范区。

17．河南省

河南省持续优化营商环境，组建省级政务服务大厅，推动省级审批事项大厅之外无审批，实现建设工程全流程审批时间不超过 60 天，推进"证照分离"改革全覆盖。河南省加快数字政府建设,加强一体化政务服务平台和"互联网＋监管"系统建设,推动电子证照扩大应用领域和互通互认,深化全省通办和跨省通办,全面推行"一件事一次办""有诉即办"。

18. 湖北省

湖北省开启智慧科学的"一网统管"新模式。全面推动政府部门数字化转型,建设架构一体、标准统一、数据互通的数字政府政务管理综合平台,集约化、标准化建设全省政务区块链基础设施,建立"一网统管"标准体系,编制"一网统管"要素地图,推进"一网统管"指挥中枢建设,建设一批"一网统管"政务应用场景,建立横向全覆盖、纵向全联通的省域"一网统管"新模式。到 2025 年,湖北省实现省、市、县(区)"一网统管"全覆盖,实现"一网统管"全域数据 100% 汇聚,全省政府治理科学化、精细化、智能化水平显著提升。

19. 湖南省

力争到 2025 年,湖南省数字政府基础支撑、数据资源利用、业务应用、安全保障、管理体制机制等框架体系基本形成、一体推进,高频政务服务事项"全省通办""跨省通办"比例均达 100%,打造 20 个"无证明城市"试点;"一件事一次办"高频事项网上可办率达 100%,掌上可办率达90%;大数据、区块链等新技术示范应用场景达到 200 个,跨部门协同示范应用场景达到 200 个;"湘政通"协同办公平台覆盖率达 100%;基础数据库信息项汇聚率达 100%,数据共享需求满足率达 95% 以上。

20. 广东省

2025 年,广东省全面建成"智领粤政、善治为民"的"广东数字政府 2.0",努力实现"五个全国领先"。一是政务服务水平全国领先。广东省政务服务渠道、服务能力、服务资源深度融合,服务能力显著提升,高频服务事项 100% 实现"零跑动"、100% 实现"省内通办""跨省通办""湾区通办"。二是省域治理能力全国领先。广东省在全国率先构建五级联动的省域治理体系，建成"一网统管"基础平台"粤治慧"，实现行业应用全覆盖，省域治理科学化、精细化、智能化水平显著提升。三是政府运行效能全国领先。广东省全面构建"指尖政府"，实现"粤政易"与内部系统100%连通，各级政府部门视频会议系统全覆盖，政府内部"一网协同"水平持续提升。四是数据要素市场化改革全国领先。广东省政府数据共享需求满足率达到99%以上，向社会开放不少于1万个公共数据资源集，数据要素市场化交易制度规则和平台机构体系基本建立，数据要素对经济社会发展的推动作用显著提升。五是基础支撑能力全国领先。广东省集约高效、安全可靠的技术架构进一步完善，政务外网接入率达到90%，电子证照用证率超过80%，政府部门电子印章覆盖率达到98%，基础支撑能力不断夯实。

21．海南省

海南省强化整体政府理念，推进政府数字化转型，解决数据壁垒问题，拓展场景应用，加强"一网通办""一网协同""一网监管"。海南省引入智慧化手段，更多地采用信用监管，完善风险预警快速反应机制，寓监管于服务之中，致力打造无感知、有温度的监管。

22．贵州省

贵州省以"一云网一平台"为载体，加快数字政府建设，提升数字化治理能力，实施《贵州省优化营商环境条例》，深化"放管服"改革，推进行政审批"三减降"，深入实施"一窗通办'2+2'模式""一网通办""跨省通办"等改革，"全程网办"事项达到70%。探索建立容缺承诺审批制度，落实好国家新一轮组合式减税降费和减租降息、普惠金融等政策。

23．云南省

云南省持续深化"放管服"改革，严格执行行政许可事项清单管理制度，全面实施"证照分离"改革，常态化开展市场主体直接评价营商环境，健全政务服务"好差评"制度。完善信用信息共享平台，推动投资项目和工程建设项目全链条优化审批、全流程监管。依法保护各类市场主体产权和合法权益，坚决整治恶意拖欠账款和逃废债行为。持续升级一体化政务服务平台和"一部手机办事通"，深化拓展"一网通办""跨省通办"，建好用好政府网站，更好利企便民。

24．陕西省

到 2025 年年底，陕西省全面建立纵向贯通、横向协同、覆盖全省的数字政府体系，大数据、云计算、人工智能等数字技术广泛应用于政府决策和管理服务，政府决策科学化、社会治理精准化、公共服务高效化取得重要进展，基本实现政令一键到达、执行一贯到底、服务一网通办、监督一屏掌控，陕西省数字政府建设迈入全国先进行列，人民群众的获得感、幸福感、安全感更加充实、更有保障、更可持续。

25．甘肃省

甘肃省全方位提升"放管服"水平。推进行政许可事项清单管理，深化投资审批、招投标等领域改革，实施企业投资项目承诺制，进一步破除市场准入隐性壁垒。紧盯"中西部领先、全国一流"目标，加快建设企业和群众满意的数字政府。全面推进"一网通办""一网统管""一网协同"，着力打造"甘快办""甘政通""12345 热线""不来即享"和"一码通"特色品牌。启动数字政府运营指挥中心实体化运行，实现"一屏知全省、一键政务通"。完善政务服务"好差评"制度，打造政务服务升级版，让市场主体和广大群众享受实实在在的数字红利。

26．青海省

青海省深化"放管服"改革，启动《青海省优化营商环境三年行动计划》，全面实行行政许可事项清单管理，依法依规开展企业信用风险分类管理，深入推进公平竞争政策实施，营造诚实守信、公平竞争市场环境。优化政务服务平台和移动端功能，推动更多政务服务"网上办、掌上办、就近办、跨省通办"。

27．内蒙古自治区

内蒙古自治区利用新一代信息技术，用数字化思维改革，推进政务流程再造、业务协同。完善数字基础支撑体系，加速数据的融合、共享和利用，推进政务服务"一网通办"、社会治理"一网统管"、政府运行"一网协同"，体系化构建"上联国家、纵向到底、横向到边、整体智治"的数字政府运行体系，实现政府治理全领域、全业务、全流程的数字化、网络化、智能化，实现政府治理体系和治理能力现代化。

28．广西壮族自治区

广西壮族自治区持续深化"放管服"改革，推行基层"一枚印章管审批（服务）"，推广应用"智桂通"平台。深化"证照分离"改革和企业投资项目承诺制改革，推进招标投标全流程电子化、企业注销便利化。落实更大力度组合式减税降费政策和援企稳岗政策，规范行业协会收费、城镇供水供电供气行业收费，持续为企业减负。全面实施市场准入负面清单制度，持续开展隐性壁垒排查。

29．西藏自治区

西藏自治区坚持把发展经济的着力点放在实体经济上，深化"放管服"改革，深入推进"政务服务网通办""互联网＋"模式，扩大"证照分离"改革和个体工商户"智能审批"改革覆盖面。完善信用服务市场监管体制，健全守信激励和失信惩戒机制。实施优化营商环境建设年行动，加强营商环境考评，严肃查处典型问题。落实减税降费政策，对中小企业销往区外的加工特色产品给予 50% 单边运费资金扶持，扎实做好"双清欠"和劳资纠纷化解工作。

30．宁夏回族自治区

宁夏回族自治区实施优化营商环境条例，纵深推进"放管服"改革。精简涉企经营许可，推行"一证准营""简易注销"；拓展"我的宁夏"App功能应用，巩固"一窗办理、集成服务"改革成效，实现更多事项网上可办、一次能办、跨省通办。

31．新疆维吾尔自治区

新疆维吾尔自治区大力推进政务服务"一网通办"，全面推进"跨省通办"，推广"异地可办、区内通办"；深化"一件事一次办"改革，优化办理流程，促进政务服务向基层延伸，推进政务服务标准化、规范化、便利化；提升移动便民服务能力，推动更多事项掌上办；健全政务数据共享协调机制，创新政务数据应用场景，加快推进数据有序共享。

4.1.3　部分省级数字政府建设的架构设计

2021年7月，作为数字政府改革建设的先行探索者，广东省发布《广东省数字政府改革建设"十四五"规划》。该规划中，广东省提出数字政府建设管理架构、业务架构、技术架构、数据架构、安全架构"五位一体"的总体布局。具体包括构建"政企合作、管运分离"的管理架构，"整体协同、平台驱动"的业务架构，"协同共享、高效服务"省市一体化的技术架构，"上联国家、下通市县"全省一体化、服务化的数据架构，"安全可信、合规可控"的安全架构。同时，在管理架构层面，广东省首提首席数据官（Chief Data Officer，CDO）制度，推动数据标准制定和执行，促进公共数据开发利用，优化数据资源配置，进一步释放数据要素价值；在业务架构层面，提出优化政务服务"一网通办"，推动省域治理"一网统管"，强化政府运行"一网协同"，实现"三网融合"的新理念；在技术架构层面，围绕政府服务、监管模式创新，提出建立新型业务中台的新思路，为各地各部门开发业务应用提供更加快捷、高效、可靠的公共支撑。

1．管理架构

广东省提出坚持统一领导，设立和完善省、市、县（区）本级数字政府改革建设工作领导小组和政府首席数据官（CDO）机制，加强数字政府改革建设宏观指导、统筹规划、跨部门协调和统一部署。各级政务服务数据管理局统筹协调各职能部门信息化项目管理，负责建设运营公共类项目；统筹本行政区域内公共数据的采集、分类、管理、分析和应用工作，提高本级数字政府数据统筹、集约、共享力度。各级政府部门设立首席数据官（CDO），作为本部门数字政府改革建设负责人，统筹信息化和数据管理工作。按照"政企合作、管运分离"的要求设立和优化各级数字政府建设运营中心，继续采取购买服务模式开展政务信息化项目建设、运营工作。发挥专家智库支撑作用，指导数字政府规划和项目建设，提高数字政府改革建设的决策科学化水平。广东省数字政府管理架构如图 4.3 所示。

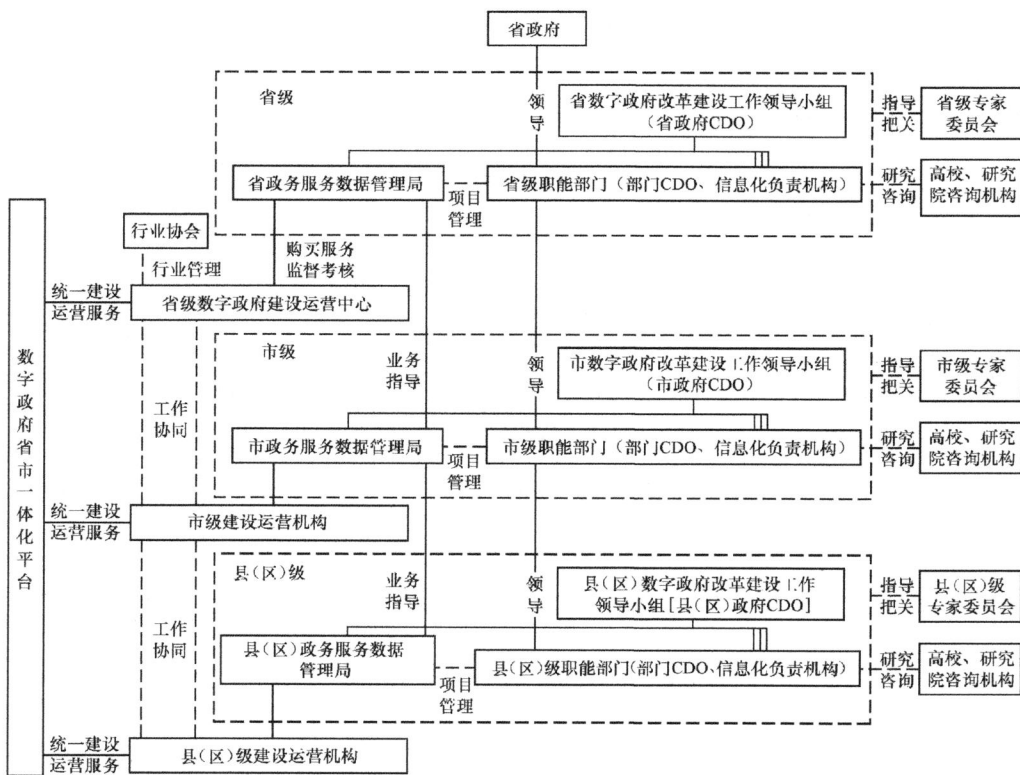

图 4.3 广东省数字政府管理架构

2．业务架构

广东省提出要"整体协同、平台驱动"，优化政务服务"一网通办"，推动省域治理"一网统管"，强化政府运行"一网协同"，实现"三网融合"，同时将数据作为创新发展的关键生产要素，推进数据要素市场化配置改革，赋能数字经济高质量发展。广东省数字政府业务架构如图4.4所示。

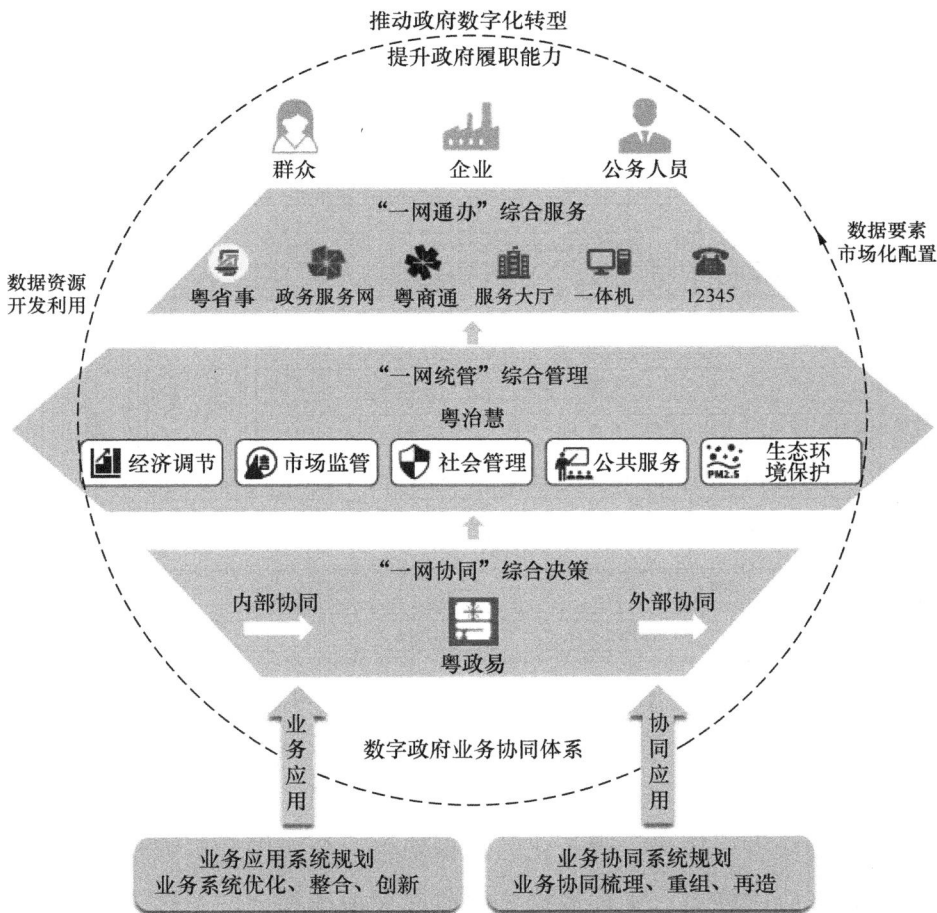

图4.4 广东省数字政府业务架构

3．技术架构

广东省提出要坚持"协同共享、高效服务"，实现以省市一体化为导向的"五横三纵"技术架构，分别是提供统一交互服务界面的用户交互层，承载"一网通办""一网统管""一网协同"等应用的业务应用层，为应用提供公共支撑能力的应用支撑层，涵盖数据资源和数据平台的数据资源层，涵盖"云、网、端"的基础设施层，以及省市一体化的网络安全、标准规范、运行管理三大体系。广东省数字政府技术架构如图 4.5 所示。

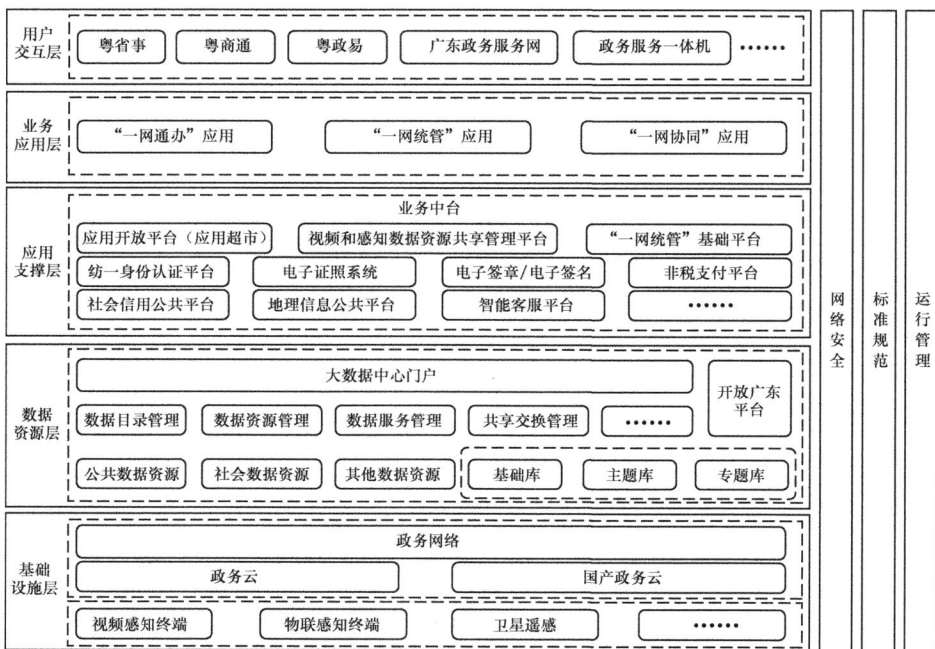

图 4.5　广东省数字政府技术架构

4．数据架构

广东省提出以"共建、共治、共用"为原则，构建"上联国家、下通市县"的全省一体化、服务化的数据架构，全面提升各级政府部门的数据管理和应用能力，实现数据全生命周期治理和全方位赋能，加速释放数据要素的乘数效应，包括汇聚各类公共数据资源和社会数据资源，按照不同的业务属性形成业务库，按需建设共享库。推动数据资源向一体化政务大数据中心汇聚，整合形成基础库、主题库和专题库，构建"物理分散、逻辑集中"的全省一体化数据资源体系。建设一体化政务大数据中心省级节点和市级节点，为本级部门提供统一的数据支撑能力，提供数据共享、核验、分析、开放授权等服务，支撑各地各部门的业务开展和应用创新。广东省数字政府数据架构如图4.6所示。

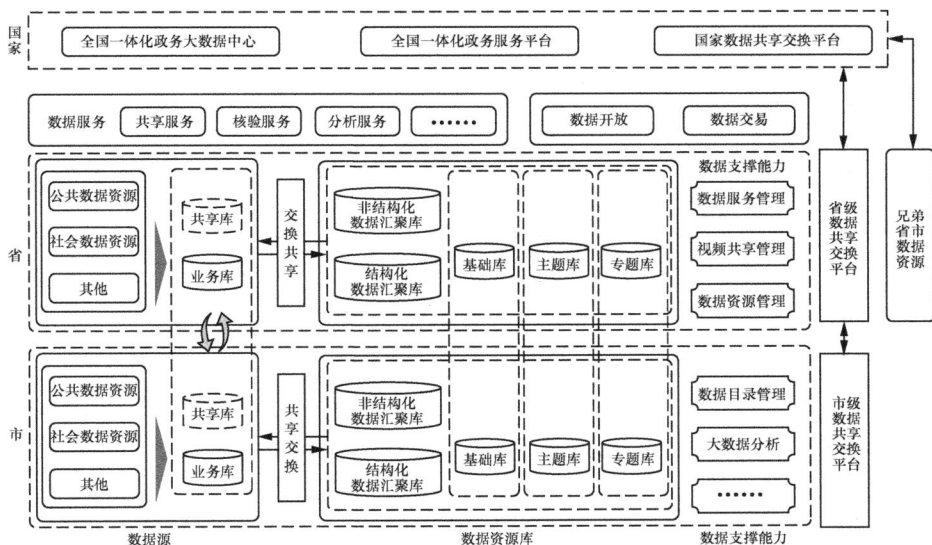

图4.6 广东省数字政府数据架构

5．安全架构

广东省提出构建"安全可信、合规可控"的安全立体纵深防御体系，以具体安全需求为导向，以合规为基础考虑整体安全设计，做好网络安全防护体系建设，保障安全工作推进的统一性、一致性、有效性。一是要完善安全组织机构，强化安全人员管理和培训，明确各主体的责任分工，建立健全安全制度流程，提高安全管理水平。二是要加强安全指导、安全监测、通报预警和监督考核，建立技术平台，提升安全监管的效率与能力。三是开展集中化、自动化、智能化的安全运营，提供覆盖安全全生命周期的服务能力，提升安全识别、安全防护、事件响应与处置、安全分析与监测等安全服务水平。四是要完善安全基础资源、安全运营支撑和覆盖基础安全、应用安全、数据安全及新技术应用安全的技术手段和技术能力，全面强化数字政府安全的关键技术支撑。加快发展安全可控的新技术和重要领域核心关键技术，增强网络安全领域的自主创新能力，推动政务领域国产化应用工作。广东省数字政府安全架构如图 4.7 所示。

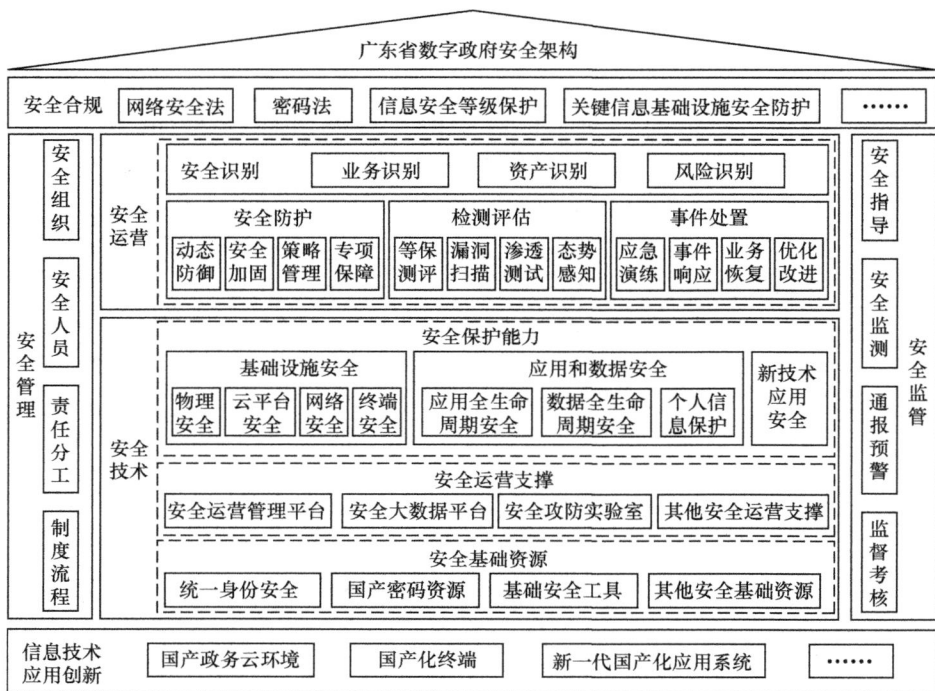

图 4.7　广东省数字政府安全架构

2021 年 8 月，江苏省发布《江苏省"十四五"数字政府建设规划》，提出全面打造"数字化、智能化、一体化"数字政府，聚焦"基础设施一体化支撑""政务服务一件事通办""社会治理一类事统办""政府运行一项事联办""数据资源一要素赋能"和"数字社会一站式普惠"建设目标，构建数字政府统一入口，打造"苏服办（苏服码）"品牌，着力完善一体化政务服务平台、一体化在线监管平台，聚焦数字政务、数字社会、数字生态三大运行体系，加强重点工程、重点应用建设，全面推进数字化转型和治理体系变革，依托一体化大数据中心，统一建设智能感知、云网环境、数据共享、应用技术四大基础支撑平台，加快数字政府一体化建设基础和能力升级，不断拓展应用场景和丰富服务内容，努力提升政府效能和人民群众获得感满意度的"1234+"总体架构。江苏省数字政府"1234+"总体架构如图4.8所示。

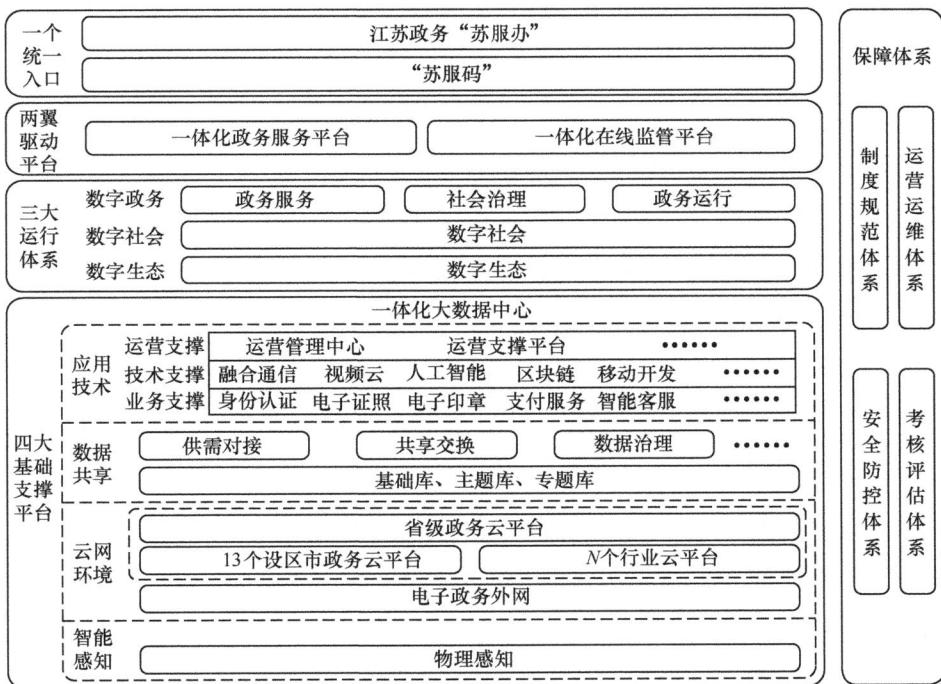

图4.8 江苏省数字政府"1234＋"总体架构

2021年10月，陕西省发布《陕西省数字政府建设"十四五"规划》，提出"三大基础支撑、六大领域创新应用、三大运行保障"的"363"总体架构和建设思路，全面推进经济调节、市场监督、公共服务、社会治理、生态保护和政府运行6个方面的数字化转型，建成网络互连、系统互通、数据共享、业务协同、运转高效的"智慧政府"。

其中，三大基础支撑包括基础设施体系、数据资源体系、公共支撑体系。陕西省统筹改造电子政务外网、政务云、政务大数据中心平台等基础设施，为各类业务应用部署运行提供统一、安全、稳定、高效、按需使用的基础设施资源，构建数字政府的坚实底座；建设全省统一的公共基础数据库、主题数据库、专题数据库等数据资源，提高政务大数据准确性、完整性、一致性，为跨层级、跨地域、跨系统、跨部门、跨业务应用提供数据支撑；统筹规划一体化应用支撑体系，包括可信身份认证、电子印章、电子证照、公共支付、电子发票、公共信用、通知消息、咨询投诉、统一密码、国土空间基础信息等公共支撑服务，以及数字孪生、人工智能、区块链等通用组件，为各地各部门开发业务应用提供公共支撑。

六大领域创新应用包括经济调节、市场监管、公共服务、社会治理、生态保护和政府运行领域业务应用，促进跨层级、跨地域、跨系统、跨部门的业务协同，全面提升政府部门治理效能和服务水平。

三大运行保障包括建立政务基础设施、业务、数据、服务、安全和管理等方面标准规范，形成适应陕西数字政府发展需要的标准规范体系，推动数字政府建设工作规范化、科学化、制度化；建立制度规范、技术防御、应急指挥、防控运营、监督管理"五位一体"的安全防护体系，强化国产密码应用和安全技术支撑，为数字政府建设和运行提供自主可控的安全防护；成立运维机构，组建专业运维团队，建立运维管理一体的运行保障体系，建立统一的运营绩效管理机制，保障数字政府建设和运维工作稳步发展。陕西省数字政府总体架构如图4.9所示。

《山东省"十四五"数字强省建设规划》提出："十四五"期间，山东省要持续深化"一个平台一个号、一张网络一朵云"的数字政府强基工程，围绕政府服务模式重构、政府治理范式重塑、机关运行流程再造等重点任务，全面构建"互联网＋政府服务"新格局，加快建成精准高效、智慧和谐的数字化治理体系，打造整体、泛在、高效、透明的数字政府。

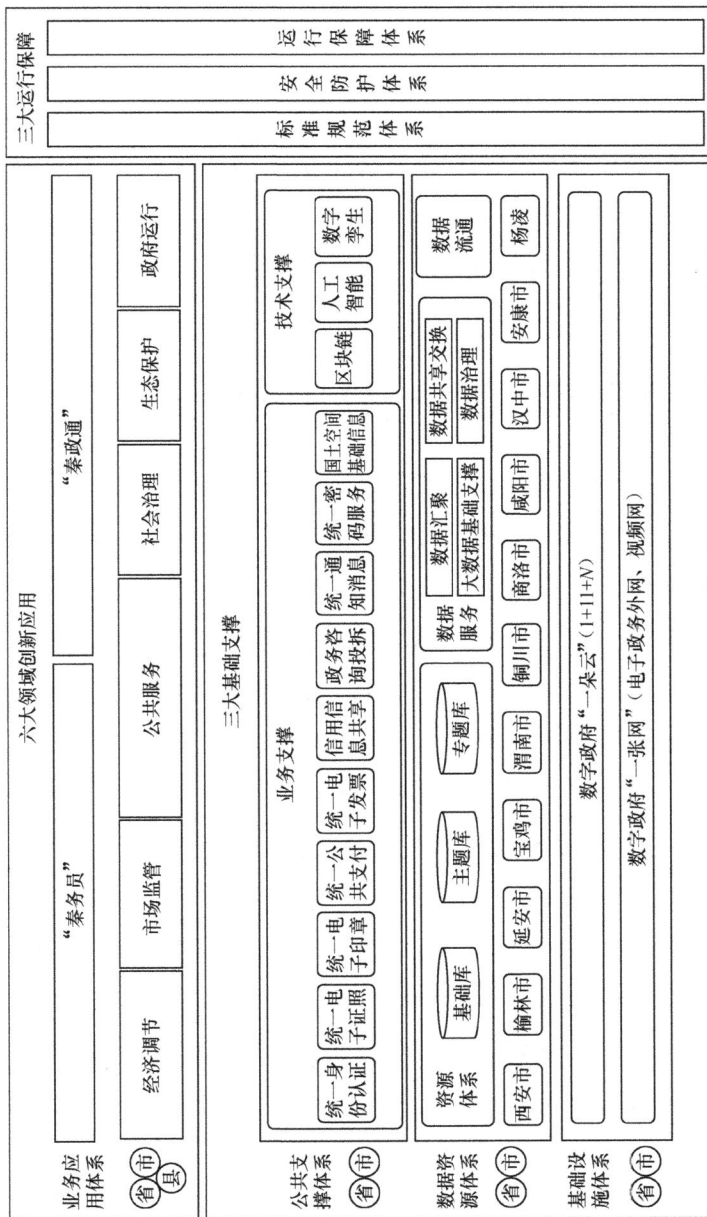

图 4.9　陕西省数字政府总体框架

广西壮族自治区提出"三纵四横五个一"的数字政府架构体系，完善以政策标准体系、考核评价体系、安全运维体系为核心的"三纵"保障体系，夯实基础中台、数据中台、应用中台、服务平台"四横"支撑平台，实现跨部门、跨云、跨数据库的数据调度，构建数字政府的"数据＋生态"开放应用生态圈，引导各方主体在服务平台上创新创造，为企业和群众提供高质量服务。由此实现"五个一"发展目标，即一云承载、一网通达、一池共享、一事通办、一体安全。

第 2 节　建设一体化基础设施

建设一体化基础设施及公共支撑资源有利于快速实现各类政务业务应用，有助于降低数字政府投资成本和缩短建设周期，提高需求响应速度和应用部署效率，而且对消除"信息孤岛"和"数据烟囱"，促进信息共享和业务协同，提升综合应用效能和整体投资效益等具有重要意义。

数字政府基础设施包括政务云平台、政务外网、政务区块链平台、公共支撑平台和政务服务中心等内容。其中，政务云平台是"总平台"，它通过建设数据中心与云计算一体融合的政务数据中心，推动政务信息资源共享和业务协同；政务外网是"大通道"，是支撑数据快速流动、高效共享的传输动脉；政务区块链平台是"长链条"，分布式账本技术能够有效解决数据传输和应用中的信任问题，提高数字化合约、证照、签名的可信性；公共支撑平台是"强工具"，是面向政务服务业务的通用性支撑工具，能够快速响应政务服务系统的支撑需求；政务服务中心是"总门户"，是面向群众和企业提供综合性政务服务的平台场所。

4.2.1　政务云平台：构建安全可靠、弹性伸缩"一朵云"

政务云是指运用云计算技术，为政府部门提供基础设施、支撑软件、应用系统、信息资源、运行保障和信息安全等综合服务的平台。

政务云在推动实现政府各部门之间及政府与社会各界之间的信息沟通、互联共享，提高政府公共服务效率方面具有非常重要的作用和意义，为各类业务应用提供安全、稳定、可靠、按需使用、弹性伸缩的云计算资源能力。近年来，国家、各省（直辖市、自治区）出台了多项政策推动政务云的发展。工业和信息化部于 2017 年出台《云计算发展三年行动计划（2017—2019 年）》，明确提出推进基于云计算的政务信息化建设模式，鼓励地方主管部门加大利用云计算服务的力度，应用云计算整合改造现有电子政务信息系统，提高政府运行效率。

政务云作为数字政府体系中的关键基础设施及数字底座，在消除"信息孤岛"、实现数据共享共治方面作用巨大。目前，政务云正在走出"重建设、轻应用"的初级建设阶段，建设重点由以基础资源为主的基础设施即服务（Infrastructure as a Service，IaaS）模式向以数据共享、应用协同的平台即服务（Platform as a Service，PaaS）及软件即服务（Software as a Service，SaaS）模式演进，建设模式由政府部门自建自营向采购服务发展。

我国政务云平台充分整合云计算与云服务的特点，整合基础设施环境中的软件和硬件资源，不断完善 IaaS、PaaS、SaaS，形成了覆盖应用开发、应用集成、应用上云的一体化服务能力，并将这些资源通过服务的形式提供给相关的政府部门用户。政府政务云平台总体架构如图 4.10 所示。

1．IaaS

政务云平台 IaaS 层应用虚拟化技术可实现服务器、存储设备和网络的虚拟化，进一步可实现池化、服务化和按需交付，为各委办局提供虚拟计算、存储、网络、主机托管等服务，满足个性化需求，同时 IaaS 层形成逻辑统一的资源池，对底层硬件资源进行统一分配、调度和管理，为各委办局提供统一的基础设施服务，可提高各委办局信息化系统上线速度，使各委办局在信息化建设过程中聚焦于业务设计。

政务云平台 IaaS 层可提供多租户灾备运维服务及运营管理，集中管控容灾备份系统资源和策略，提供统一灾备部署、备份恢复，可实现业务数据的一致性、完整性和可恢复性。

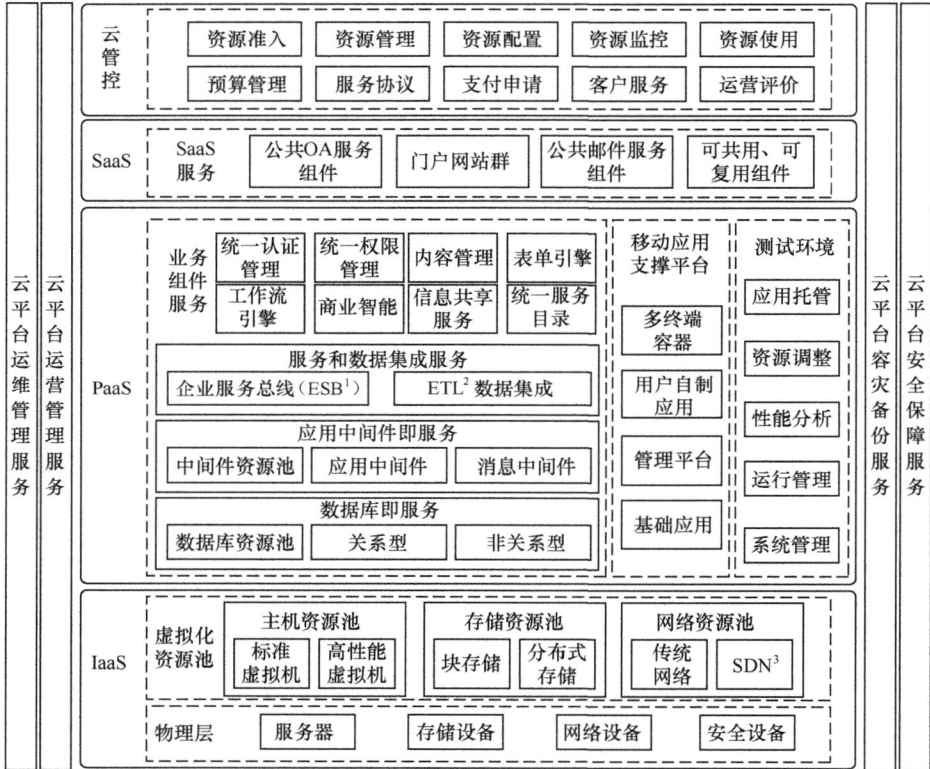

注：1. ESB: Enterprise Service Bus，企业服务总线。

2. ETL: Extraction-Transformation-Loading，指数据的抽取、转换和加载。

3. SDN: Software Defined Network，软件定义网络。

图 4.10　政府政务云平台总体架构

2. PaaS

PaaS 层服务平台可提供统一管理、统一服务的数据库，以及中间件、大数据基础平台、容器等云服务能力。政务云平台 PaaS 层将现有各种业务能力整合，向下可根据业务需要测算基础服务能力，通过 IaaS 提供的 API 调用硬件资源，向上提供业务调度中心服务，实时监控平台的各种资源，并将这些资源通过 API 开放给政府用户。

政务云平台 PaaS 层可对平台服务资源进行整合和池化管理，通过云基础平台的均衡功能，动态分配资源，实现资源高效利用。政府各部门用户作为政务云平台服务的使用者，在不需要购买数据库和开发软件的情况下，直接使用 PaaS 层的服务，可快速地建立自己的业务系统。

3. SaaS

政务云平台 SaaS 层在 IaaS、PaaS 层服务的基础上为用户提供按需使用的公共应用软件服务，从而使各用户不再需要自建和运维相应的应用系统，避免重复建设。

政务云平台 SaaS 层依托 IaaS 层基础设施资源能力和 PaaS 层平台实例服务能力部署通用的政务公共应用，主要为政府各部门提供统一即时通信服务、智能图像服务、视频服务、智能客服服务、舆情分析服务、云盘服务、短信通知服务、微信开发平台服务、位置服务、商务智能（BI）报表决策服务等。

统一建设政务云平台可以减少政府部门购买、构建和维护基础信息设施的费用支出。政府部门用户只需要申请政务云平台的资源，即可快速获得各种公共应用服务。政务云平台将应用软件部署在统一的资源池上，可避免最终用户在服务器硬件、网络安全设备和软件升级维护上重复投资。

4.2.2 政务外网：构建横向到边、纵向到底"一张网"

政务网络一般包括政务内网、政务外网和政务专网。其中，政务内网是涉密的党政机关办公业务网络，与互联网和政务外网有物理隔离。政务专网一般也称行业专网，是指由党政机关相关部门构建的非涉密内部办公网络，通过网闸以数据"摆渡"方式与其他外部网络交换信息。

政务外网是政府办公业务网络，主要服务于政务部门，满足其经济调节、市场监管、社会管理和公共服务等方面需要，一般通过防火墙与互联网进行逻辑隔离，具有互联网出口。目前，各级政府正在积极推动政务专网和政务外网的融合。

为满足数字政府发展对政务网络的要求，政务外网主要从网络服务能力、网络安全保障能力、网络管理能力等维度着手，实现政务服务对象"一网连接"、政务数据"一网打通"、政务业务"一网承载"，提供标准化、模块化的网络服务，从而推动各级政府部门利用政务外网开展业务应用，推进政务信息资源的整合共享，提高政府社会管理和公共服务水平。

政务外网通过构建集中统一的网络体系、统一的信任体系和统一的网络安全防护体系，支持各业务之间的互联互通，支持跨地区、跨部门的业务应用协同。政务外网需要连通国家、省（直辖市、自治区）、市、县（区）、镇（街道），并将政务服务延伸到村（社区），使政务服务惠及全民。政务外网同时横向连接所有同级政务部门，促进政务网络互联互通和政务资源共享，形成统一的政务网络和资源共享平台，为各级政务部门进行社会管理、公共服务提供支持。

政务外网可划分成纵向广域网和横向城域网两个维度。纵向广域网采用主备网络结构，骨干总线按照省（直辖市、自治区）、市、县（区）、镇（街道）、村（社区）的需求进行覆盖建设，省（直辖市、自治区）、市、县（区）、镇（街道）广域核心之间采用"口"字形结构，提高安全性。横向城域网按照本地省（直辖市、自治区）、市、县（区）、镇（街道）多级分别建设，其中省（直辖市、自治区）级城域网按照核心—汇聚—接入三级架构部署，覆盖全部省（直辖市、自治区）级部门。市、县（区）、镇（街道）级城域网按照核心—接入两级架构部署，覆盖各级委办局。政务外网架构如图 4.11 所示。

政务外网多元化接入是政务网络发展的必然趋势，目前我国着手打造以有线网络为基础，无线网络为补充的接入模式，两种模式相互协同促进政务外网的发展。一般业务场景下，用户可采用有线方式接入政务外网；无法提供有线覆盖或有特殊需求的业务场景下，例如远程办公、移动执法、应急救援等，用户可采用4G、5G、公网切片、无线专网、卫星通信等方式接入政务外网。多元化的网络接入手段可满足不同业务应用灵活的网络接入需求。政府部门要以业务为驱动，推进现有政务专网向政务外网的融合。通过网络割接、业务迁移等方式，将政务专网整合到统一的政务外网。只有网络共享、网络大规模被使用，才能实现政务外网效益最大化。

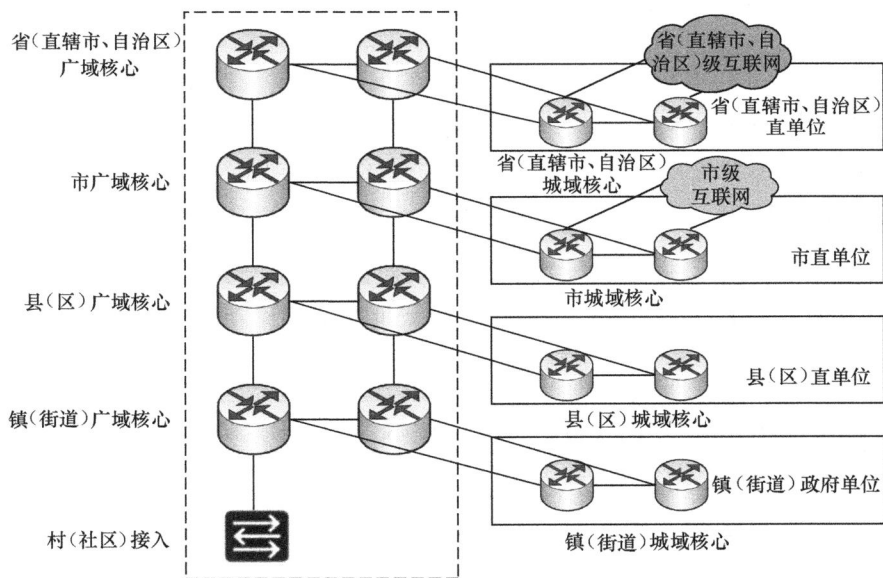

图4.11 政务外网架构

科学的网络架构是政务外网的网络服务基础，提升网络架构的稳定可靠性是政务外网的发展根本。我国各级政府利用各大电信运营商的网络资源，构建了纵向骨干网络的主备网络平面，提高了政务外网的韧性；在横向网络上实现了重要用户单位双归链路接入，提高了政务外网服务的可靠性。同时已有多个省（直辖市、自治区）通过购买电信运营商网络服务，构建至简网络，减少网络层级，实现管理架构扁平化，进一步提升了网络服务效率，保证政务外网用户之间互联互通。为了更好地支撑政务发展，政务外网积极向基层延伸，目前已实现国家、省（直辖市、自治区）、市、县（区）、镇（街道）五级政务外网全覆盖，村（社区）一级按需接入，实现政务外网"横向到边，纵向到底"政务网络"一张网"。

政务外网的互联网出口是对外提供政务服务的窗口。政务外网互联网出口依托边界网关技术优化用户体验，提升用户对政务服务的满意度。政府要加强政务外网互联网出口的安全防护，将互联网业务与政务外网业务严格隔离，避免出现网络"跳板"，影响政务外网的安全性。从流量隔离角度，为互联网出口单独规划一个逻辑平面，可实现互联网与政务外网互访流量与其他流量的逻辑隔离。

政务外网业务运营应积极利用 SDN、段路由（Segment Routing，SR）等先进网络技术，满足网络服务弹性拓展需求，实现业务流量灵活调度，精细化网络管理。一是建设统一的网络监测平台，对网络资产信息进行精准识别，采集网络通信、计算环境、业务应用、脆弱性、安全事件、运行状况、审计日志和威胁情报等数据，分析网络状态和变化趋势，实现对各使用单位的网络应用、网络运行状态全天候、高灵敏的信息监测，并根据监测结果提前干预和调整，提高链路资源利用率，从而保障网络稳定运行。二是引入智能网络控制技术，为政务外网提供精细化服务质量（Quality of Service，QoS）策略控制及管理，实现业务流量灵活调度，保障业务网络的需要。三是基于网络切片技术，对网络进行资源重组，总体提升电子政务外网业务支撑能力，为各类业务的数据共享及分析提供基础保障。

4.2.3　政务区块链平台：构建智能合约、可信溯源"一条链"

区块链是一种按照时间顺序将数据区块相连的一种链式数据结构，是以密码学方式保证不易篡改和不易伪造的分布式账本。区块链利用链式数据结构来验证与存储数据，利用分布式节点和共识算法来生成和更新数据，利用密码学的方式保证数据传输和访问。近年来，区块链技术在金融、医疗等多个领域进行了应用探索，并取得了丰富的成果。

区块链技术得到了国家层面的重视和支持。2016 年 10 月，工业和信息化部《中国区块链技术和应用发展白皮书（2016）》发布。2016 年 12 月，《国务院关于印发"十三五"国家信息化规划的通知》发布，区块链作为战略性、前沿性、颠覆性技术被写入国家规划。2021 年 6 月，工业和信息化部、中央网络安全和信息化委员会办公室联合发布《关于加快推动区块链技术应用和产业发展的指导意见》，提出"推动区块链和互联网、大数据、人工智能等新一代信息技术融合发展，建设先进的区块链产业体系"。

区块链技术特性与数字政府发展需求高度匹配，各级政府积极在数字政府服务领域引入区块链技术。以区块链技术作为底层技术支撑的政务服务系统以全新的思路与方法推动了政务服务的深化发展。区块链有望成为全球技术创新和模式创新的"策源地"，推动"信息互联网"向"价值互联网"变迁，其"去中心化"、不易篡改、公开信任、可追溯的技术特点适用于政务管理和公共服务各种类型的业务场景，前景广阔。

1. 有利于构建全新的社会信用体系

区块链构建了一种全新的社会信用体系，信用担保不再依赖于政府、银行等第三方机构，而是通过应用非对称加密、智能合约等技术形成新的信用认证范式，明确了信用双方对数据的所属权。以区块链为底层技术支撑的信用系统将囊括企业或个人信用行为的永久记录，成为社会网络成员交往互动过程中可靠的信任依据。

2. 有利于充分发挥政务信息资源的作用

点对点的分布式账本功能使区块链中的每个参与主体都能读取与存

储数据，任何数据的更新都会同步至整个网络，同时也需要得到网络中每个成员的确认；区块链实现了数据的多重备份，极大提高了政府数据库的容错性和安全性，为政府部门之间的资源连通与共享提供了很好的实现平台。各部门间可以共享、共建信息资源，既可以避免重复建设，又可以深度整合政务资源，并利用大数据技术进行深度挖掘、开发和利用。

政务区块链平台综合了区块链技术和传统分布式数据库的特性，将数据的所有操作以交易记录的形式记录在区块链上，从而建立一个分布式、可溯源、公开透明、不易篡改的系统。政务区块链平台总体架构如图 4.12 所示。

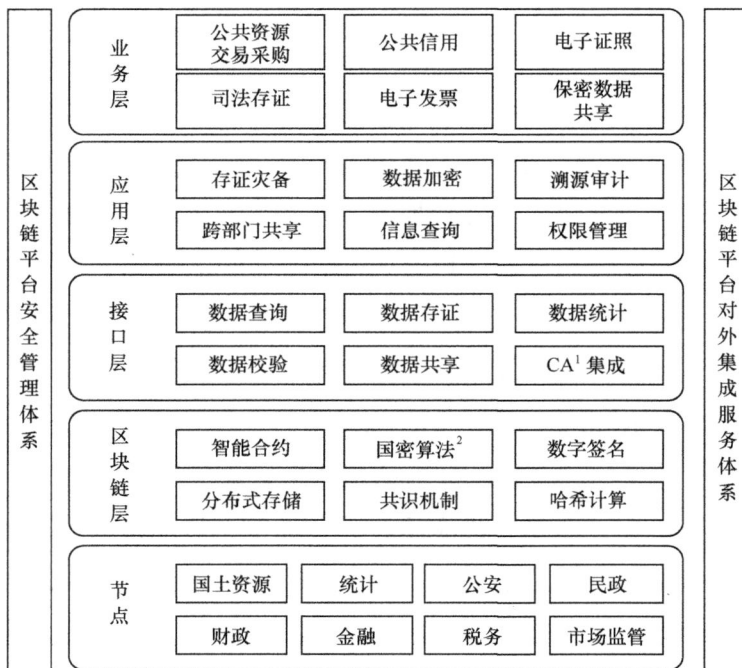

注：1. CA：Certificate Agency，证书（代理）机构。
　　2. 国密算法是指国家密码局认定的国产密码算法。

图 4.12　政务区块链平台总体架构

政务区块链平台总体架构的功能包含以下内容。

节点：省（直辖市、自治区）、市、县（区）多级政府部门单位，以及其他使用区块链的机构。

区块链层：包含智能合约、国密算法、数字签名、分布式存储、共识机制、哈希计算等模块。

接口层：提供数据查询、数据存证、数据统计、数据检验、数据共享、CA 集成等。

应用层：包括存证灾备、数据加密、溯源审计、跨部门共享、信息查询、权限管理等。

业务层：包括公共资源交易采购、公共信用、电子证照、司法存证、电子发票、保密数据共享等。

政务区块链平台可以在以下业务场景开展应用。

在公共资源交易服务方面，打造公共资源交易区块链共享平台，对工程建设、政府采购、综合交易等全类型、全流程电子化交易业务数据及时存证，确保公共资源交易流程完整性、数据真实性，推动交易信息、主体信息、专家信息、信用信息、监管信息等可信记录，消除监管部门的"信息孤岛""数据壁垒"，创新公共资源交易服务模式。

在社会信用方面，利用区块链可信机制，与实名认证、电子签名、电子签章等技术和标准相结合，规范信用数据的采集、归集、共享、使用及管理，加强对信用评级、信用记录、风险预警、违法失信行为等信息的披露和共享使用，有助于完善"事前承诺、事中监督、事后惩戒"监管体系。同时，区块链技术可促进市场监管、商务、海关、交通运输、生态环境、住房城乡建设、金融等部门和机构之间公共数据资源的互联共享。

在电子证照方面，依托网上政务服务平台，形成可信存证体系与跨区域电子证照核验体系，确保电子证照生成、管理与应用全过程可信，从而推动电子证照、电子资料、电子档案、电子签章等跨层级、跨部门、跨区域共享互认，围绕不动产登记、营业执照申办等领域开展应用示范，并结合人脸识别技术实现电子证照"刷脸"调取，打造验证、发证、管证等电子证照全链条业务共享。

在司法存证方面，运用区块链技术，可推动解决司法领域"取证难、示证难、认证难、存证难、质证难"等问题，在公证、仲裁、司法鉴定、人民调解等公共法律服务领域，围绕法律法规全生命周期管理、行政执法全过程记录、监狱刑罚执行、罪犯改造表现评价和政法跨部门业务协同等领域发展区块链应用。

在电子发票方面，打造税务链基础平台，逐步向社保费征收、税务数字档案共享、不动产税务征收和大企业应用等场景拓展。打造区块链电子发票平台，推动景区、酒店、餐饮等行业的区块链电子发票全覆盖，也可在出租车、地铁、公交等交通运输场景部署区块链电子发票应用，并逐步对社保、税务数字档案进行数据共享，向不动产税务征收和大企业应用等场景拓展。

4.2.4　公共支撑平台：构建一体化通用服务能力

公共支撑平台为业务应用系统提供通用服务能力支撑，包括电子印章、电子证照、信用信息共享平台、时空信息云平台、城市信息模型等内容。此外，移动政务应用平台、智能客服平台、统一身份认证、非税支付平台等也可纳入公共支撑平台。

1. 电子印章

电子印章是指基于可信密码技术生成的身份标识，以电子数据图形表现的印章。2004年，我国颁布《中华人民共和国电子签名法》。2019年，国务院发布《国务院关于在线政务服务的若干规定》，明确"电子印章与实物印章具有同等法律效力，加盖电子印章的电子材料合法有效"。

2020年，中国电子工业标准化技术协会正式发布T/CESA 1128—2020《区块链电子签章参考架构》团体标准，该标准指出区块链电子签章是将区块链技术与传统电子签章技术融合形成的新型电子签章形式，区块链电子签章的印章图案以"物电同源电子印章"为唯一数据源，并由公安部有关部门统一备案管理，从而确保区块链电子印章上链数据的合法性，同时提升整体签章流程的安全性和可追溯性。

目前，我国电子印章行业已形成较为完善的产业链。随着区块链技术的快速发展，电子印章行业将迎来大发展。2020年，广东省为加快数字政府建设，在充分借鉴各地电子印章管理暂行办法的基础上，着手制定了《广东省电子印章管理暂行办法》。2021年，广东省印发《广东省国民经济和社会发展第十四个五年规划和2035年远景目标纲要》，提出"到2025年，高频服务事项实现100%'指尖办'，基层高频服务事项实现100%'四免''零跑动'"。其中"四免"是指政府部门核发材料原则上免提交，业务表单数据原则上免填写，可用电子印章的免用实物印章，可用电子签名的免用手写签名。

2．电子证照

电子证照是指通过计算机等电子设备形成、传输和存储的证件、执照等电子文件。为解决企业和群众办理各类事项时存在的办证办事难、无理证明多、重复提交多、识别手段少、后台支撑弱等一系列难点问题，2021年《政府工作报告》提出要"推动电子证照扩大应用领域和全国互通互认，实现更多政务服务事项网上办、掌上办、一次办"。

相比传统的纸质文件，电子证照具有非人工识读性、系统依赖性、信息与特定载体之间的可分离性、信息存储的高密度性、多种信息媒体的集成性和信息的可操作性等优点，是各级政府深度推行网络化审批的必要构件，是解决"办证难""办文难""假证伪证"等问题的根本途径，是实现各行业范围内证照和公文跨区域、跨系统、跨部门、跨层级安全

共享的基本要素，有利于创新政务工作模式，进一步提高政府行政效率和服务能力，营造良好的发展环境。

2021年3月，广东省、北京市、海南省、河南省、江西省（"四省一市"）的政务服务数据管理部门共同签署战略合作协议，依托全国一体化政务服务平台，共同梳理跨区域用证频度较高的政务服务事项及相关电子证照清单，未来"四省一市"的企业和群众可通过"北京通""粤省事""椰省事""豫事办""赣服通"等移动政务服务平台，查看合作方电子证照、开展亮证服务及授权用证，享受跨区域掌上移动政务服务带来的便捷。

3. 信用信息共享平台

社会信用体系旨在建立一个适合信用交易发展的市场环境，保证从以原始支付手段为主流的市场交易方式向以信用交易为主流的市场交易方式健康转变。构建政府跨部门的信用信息共享和业务协同监管，推进公共信用信息在经济活动、政府决策等领域的广泛应用，对推动企业诚信经营、事业单位和社会组织诚信服务及个人守信自律十分必要。

近年来，我国不断加强社会信用体系建设的顶层设计。2019年，国家发展改革委发布《国家发展改革委关于加强全国信用信息共享平台一体化建设和信用门户网站一体化建设的指导意见》，提出加快推进全国信用信息共享平台一体化建设和信用门户网站一体化建设，将全国信用信息共享平台打造为信用信息共享交换"总枢纽"，将地方各级信用信息共享平台打造为区域数据归集节点与信用服务中心，推动各级政府部门业务系统与同级信用信息共享平台互联互通，实现信用信息和信用产品在政府采购、招标投标、行政审批、市场准入、资质审核等行政管理事项中得到充分应用。

4. 时空信息云平台

时空信息云平台是在云计算、物联网、大数据、移动互联网、地理信息技术的支撑下，实现空间基准到时空基准、基础地理信息数据库到时空大数据、地理信息公共平台到时空信息云平台、分散服务器集群到聚约云环境的"4个提升",其核心是构建包括时空大数据和时空信息云平台在内的城市时空基础设施。

时空大数据包括历史与现在的基础地理信息、历史与现在的公共专题数据、智能感知的实时数据,以及空间规划数据等。时空信息云平台通过云服务系统(入口门户、基础服务功能、按需服务能力、运维管理能力、数据同步服务能力),为智慧城市和数字政府建设提供时空基础设施服务。

5．城市信息模型

城市信息模型(City Information Modeling,CIM)是以建筑信息模型(Building Information Modeling,BIM)、地理信息系统(Geographic Information System,GIS)、物联网(Internet of Things,IoT)等技术为基础,整合城市地上地下、室内室外、历史现在未来多维多尺度信息模型数据和城市感知数据,构建起三维数字空间的城市信息有机综合体。CIM基础平台是在城市地理信息系统平台的基础上,建立建筑物、基础设施等三维数字模型,表达和管理城市三维空间的基础平台,是城市规划、建设、管理、运行工作的基础性操作平台,是数字政府和智慧城市的基础性、关键性和实体性信息基础设施。2020年9月21日,住房和城乡建设部印发《城市信息模型(CIM)基础平台技术导则》,明确了CIM平台架构、BIM数据格式等内容。

4.2.5 政务服务中心:实现"只进一门、只到一窗、一次办成"

我国各地线下政务服务还存在一定问题。一是"门难进、脸难看、事难办"的现象屡见不鲜,使群众对一些地方、窗口单位的政务服务印象不好。二是政务服务标准不统一,办事指南不清晰,事项免证办程度不高,群众办事多头跑、重复填报、耗时长。三是信息多头采集,数据共享不足，加之业务部门未全进驻政务服务大厅，业务覆盖不全面，企业办事环节多、服务分散、整体进度难跟踪。

目前，我国已建立从线上国家一体化政务服务网、省（直辖市、自治区）级政务服务网到线下市、县（区）、镇（街道）、村（社区）政务服务大厅（中心）全覆盖、一体化的政务服务体系。其中，政务服务中心是政府设立的集中办理行政许可、行政给付、行政确认、行政征收，以及其他服务项目的综合性管理服务机构，也是加强政务服务，提高行政效能，为人民群众提供优质、便捷、高效服务的重要平台；政务服务大厅是通过"前台综合受理、后台分类审批、综合窗口出件"的综合服务模式为群众提供集中办理政务服务事项的综合性服务场所。

我国线上线下一体化的政务服务架构如图 4.13 所示。

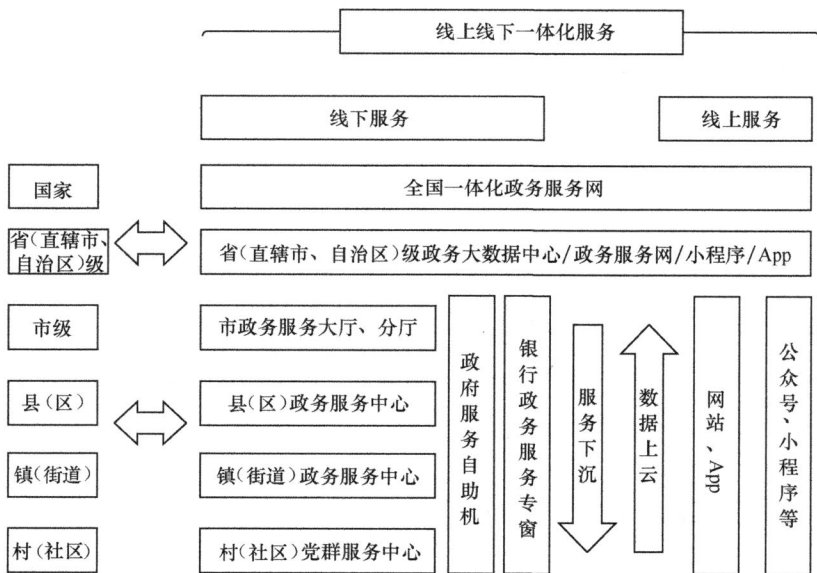

图 4.13 我国线上线下一体化的政务服务架构

政务服务中心针对群众和企业办事难、办事慢等问题，一是要依托网上政务服务平台，深入开展"互联网＋政务服务"工作，推进线上服务与线下服务融合，让政务服务实体大厅与网上大厅形成优势互补，让企业和群众办事可以网上办、简化办，优化营商环境，提高办事效率，实现智慧化的政务服务，让群众办事"最多跑一次"。二是要进一步采用受审分离、联审联办、同城通办、跨城通办、容缺受理、代收代办等服务方式，实现政务服务综合化、网络化、标准化、同城化。三是要大力推进"一窗通办""一网通办""一证通办""一码通办""一次通办""一地通办"，上线统一服务申办受理平台，实现"统一预约、统一叫号、统一申办、统一评价"。四是要提供移动服务、自助服务，包括提供移动端预约办事、大厅自助取号、办事导办专区、24小时自助服务区等，开设"绿色通道""帮办代办""跨城通办"窗口，安排专职人员为特殊群体提供全流程"一对一"服务。五是要改善政务服务大厅服务环境，提供暖心贴心的实用性服务，合理规划志愿服务站、咨询导办区、申报辅导区、自助办理区、休息等候区等配套功能区，并根据空间合理设置导向标识，为每位办事人提供舒适的办事环境和优质贴心的服务。

第 3 节　开展大数据管理与运营

随着数字政府改革的推进实施，政务业务产生越来越多的政务数据，并带动大数据产业蓬勃发展。基于数据融合的各类应用不断深化，对经济社会的创新驱动作用明显增强。政务数据治理和数据资源的开发利用成为数字政府建设的新课题，国家"十四五"规划纲要提出要"开展政府数据授权运营试点"。

2022 年，中央全面深化改革委员会第二十五次会议明确"加快推进全国一体化政务大数据体系建设"。同年 9 月，国务院发布《全国一体化政务大数据体系建设指南》，加快构建全国一体化政务大数据体系，

形成统筹管理、有序调度、合理分布的全国一体化政务数据资源体系。在国家政策指导下，各地政府开展数据资源调查摸底，加强数据目录清单管理，做好多源数据汇聚整合，加快统筹管理一体化、数据目录一体化、数据资源一体化、共享交换一体化、数据服务一体化、算力设施一体化、标准规范一体化、安全保障一体化，推进政务数据"一本账"管理，不断提高政府管理水平和服务效能，为推进国家治理体系和治理能力现代化提供有力支撑。

目前，我国各级政府积极利用大数据技术搭建数据开放共享、开发利用平台，积极推进政务数据的共享工作。随着实践的不断深入，"各自为政、条块分割、烟囱林立、信息孤岛"成为我国数字政府建设中亟须解决的问题，政府管理正在从分散走向集中、从部分走向整体、从破碎走向整合，政务数据治理也正在走向整体治理、横向治理、协作治理、网络治理的新阶段。

4.3.1 数据管理制度

数据管理需要制度先行，一是要从制度上保障数据管理工作有据、可行、可控，建立包括元数据管理、统一资源目录管理、数据共享管理、数据更新核准、数据质量反馈、数据服务管理、数据质量管理评价等制度，要实现以数据为核心要素的全生命周期管理全流程制度化。二是要明确数据提供方、使用方、管理方、服务方在目录注册、数据挂接、数据提供和使用等流程中的职责与操作规范。三是需要建立数据申请、提供、使用、反馈和改进的全流程数据服务制度，形成数据资源服务目录，提供服务检索、服务访问申请和服务查看等能力，以便快速获取和访问数据服务，实现数据资源服务的科学、有序、安全使用。从内容上看，数据服务包括基础数据服务、共享数据服务、电子证照服务、信用数据服务、统计分析服务等。服务需求部门根据工作需要申请和使用数据服务并反馈具体使用情况。

　　数据管理制度中最重要的是明确数据相关主体的权责关系。政务数据在产生、采集、存储、管理、分析、应用等环节均涉及相关主体，但因缺乏规范、公平、成熟的管理激励机制，容易出现数据共享开放程度不够、数据质量不高、数据交易意愿不强等问题。政务数据需要明确其所有者、使用者、管理者和监督方。在实际的政务数据治理实践中，数据相关主体可以划分为：统筹管理方、数据提供方、数据使用方、数据服务方和审计方。当业务系统中出现数据质量问题时，需要判断是录入方的错误还是系统的技术故障；当出现敏感数据泄露时，需要溯源追查相关责任人。只有明确数据全生命周期流通使用中的相关权责关系，才能确保数据资产有清晰的业务管理责任、系统建设有稳定的原则和依据、作业人员有规范的流程和指导。

4.3.2　数据标准规范

　　政务数据来源多、体量大、涉及领域广，这易导致数据不完整、数据不一致、数据不唯一、数据不及时等质量问题，进而影响数据共享质量和应用成效。数据标准建设管理是数据治理中重要的一环，有利于保证数据的统一、规范、完整，提升数据质量，降低数据理解沟通成本。数据标准是保障数据的内外部使用与交换的一致性和准确性的规范性约束，缺乏数据标准会导致系统的数据定义和存储结构不一致，从而出现数据共享困难、数据理解歧义、无法有效分析等问题。数据标准一般从业务、管理、技术等多维度制定。对政务数据而言，标准规范体系主要包括基础标准、业务逻辑标准、数据平台建设标准、安全标准和管理规范等内容。政务数据标准体系如图 4.14 所示。

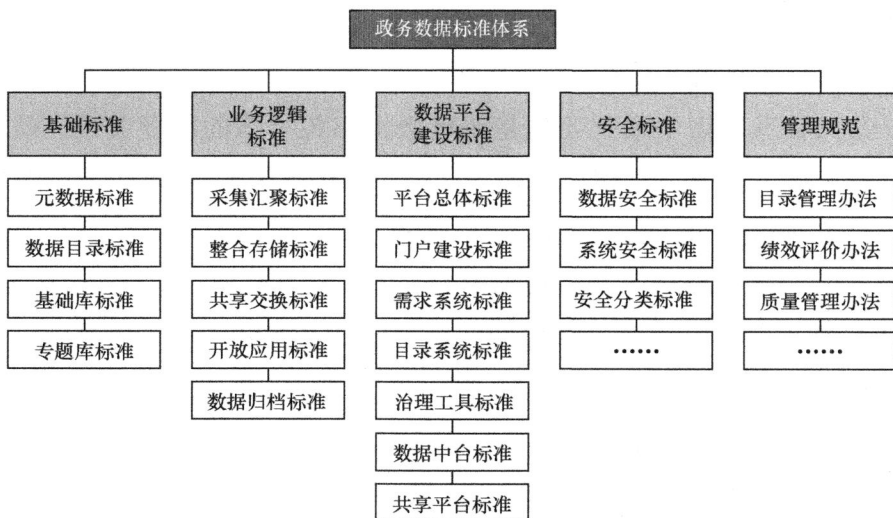

图 4.14　政务数据标准体系

近年来，我国中央和地方政府围绕政务数据标准化发布了多个重要政策文件，推出了一系列国家标准。2006 年，国家信息化领导小组印发《国家电子政务总体框架》；2007 年，国家电子政务标准化总体组发布《政务信息资源目录体系》《政务信息资源交换体系》等系列标准；2020 年，全国信息技术标准化委员会编制发布《信息技术 大数据 大数据系统基本要求》《信息技术 大数据 数据分类指南》《信息技术 大数据 存储与处理系统功能测试要求》《信息技术 大数据 计算系统通用要求》《信息技术 大数据 政务数据开放共享 第 1 部分：总则》《信息技术 大数据 政务数据开放共享 第 2 部分：基本要求》《信息技术 大数据 政务数据开放共享 第 3 部分：开放程度评价》等系列标准。

数据标准管理落地实施的主要步骤包括：首先，制定数据标准的目标和界定范围，明确数据标准管理要达到的目的和战略方向，建立数据标准管理组织，明确相关角色的权责，编制发布相关数据标准；其次，做好标准管理，明确权责和管理流程，组织数据普查摸底，做到"底数清、情况明"；最后，做好标准的宣贯和实施落地工作，在实际业务开展和数据开发应用中做好数据标准管理的日常运营。

4.3.3 数据资产运营

随着数字化进程加快，数据已成为重要的生产要素和战略资源，成为新时代的"石油"和"金矿"。我们要多方、全面地汇聚融合高质量数据，形成大数据资源池，然后对数据进行清洗、统计、分析和挖掘，为各行各业提供决策支撑，并将数据变为数据资产，为各行业创造更多价值和财富。

数据资产运营是指通过合理配置和有效利用数据资产，提高数据资产的经济效益。其核心思路是把数据作为一种全新的资产形态，并以资产管理的标准和要求，强化相关制度和应用。只有将政务数据进行资产化，并进行数据的持续化运营，才能使政务数据的价值最大化。

目前，我国各级政府通过统筹汇聚政务数据资源，推进数据融合应用，挖掘数据价值，提升数据开放水平，形成大数据驱动的政务管理和数据运营的新机制和新模式。部分发达地区拥有数据资源目录、数据共享目录、数据开放目录、系统数据清单、部门责任数据清单，并实现了数据采集及更新机制常态化和数据资源开放定制服务化；基于统一数据规范及技术标准的基础搭建了人口、法人单位、宏观经济、空间地理和自然资源四大基础数据库；同时建设了多个主题库和专题库，形成各级部门共建、共享、共用的政务大数据资源池，为各部门开展数据共享及数据资产运营工作奠定了基础。

作为新时代政府的重要资产，数据资产成为国家发展的关键性基础战略资源，成为新时代地方政府推动经济发展的重要抓手。数据资产运营已应用到交通管理、公共安全、卫生健康、食品安全、人口管理等领域，推动政府公共服务更精细，社会治理更精准。

4.3.4 数据治理体系 [1]

广义上讲，数据治理是对数据的全生命周期进行管理，包含数据采集、清洗、转换等传统数据集成和存储环节的工作，同时还包含数据资产目录、数据标准、质量、安全、数据开发、数据价值、数据服务与应用等，围绕整个数据生命周期而开展业务、技术和管理活动。狭义上讲，数据治理是指对数据质量的管理，专注在数据本身。

政府数据治理主要是指政府内部有关数据采集、管理、运行及保障的一套政策机制。当前，我国政府数据治理还处于初期阶段，各地方政府实践水平参差不齐，存在数据分布碎片化、"数据孤岛""数据烟囱"、格式不统一、数据安全与隐私受威胁和数据开放共享程度低等问题。政府数据治理的目标是提高数据的质量（准确性、及时性、完整性、唯一性、一致性、有效性），确保数据的安全性（保密性、完整性、可用性），消除数据的不一致性，建立规范的数据应用标准，推进数据资源的整合、服务和共享，将数据作为资产应用于业务、管理、决策中，发挥数据资产价值。

政务数据治理平台用于落实数据管理体系，实现数据管理自动化，提高数据管理效率，确保数据质量，实现安全数据共享。该平台主要由数据门户与地图、主数据管理、数据资产管理、数据指标、数据质量、数据安全、元数据管理、数据开发、数据模型、数据交换与服务组成。政务数据治理平台的功能架构如图4.15所示。

政务数据治理平台的相关模块功能介绍如下。

数据门户与地图模块实现数据资产目录、用户权限、数据标签和敏感数据管理，进行数据图谱展示，实现数据关联与分析，方便数据的便捷查询、浏览。

---

1 部分资料来源于知乎网《数据治理平台工具前世今生是怎样的？》。

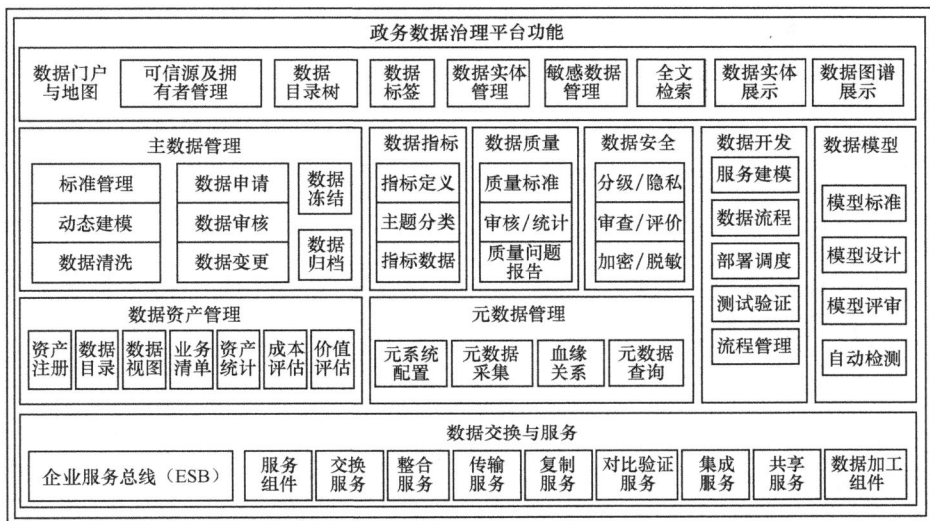

图 4.15　政务数据治理平台的功能架构

主数据管理模块实现主数据标准管理、动态建模、数据清洗、数据申请、数据审核、数据变更、数据冻结、数据归档等功能，保证这些主数据在各个信息系统间的准确性、一致性、完整性。

数据资产管理模块提供资产注册、数据目录、数据视图、业务清单、资产统计、成本评估、价值评估等功能，实现数据资产的全生命周期管理、全流程管理、全景式管理。

数据指标模块实现指标定义、主题分类、指标数据等功能，对相关指标进行批量管理和维护。

数据质量模块包括质量分析、审核统计、质量问题报告等功能，实现对数据质量精度的检查、比对和验证，检查结果处理和对数据全生命周期的质量管理。

数据安全模块提供分级、审查、加密、数据访问安全、数据服务的发布 / 申请 / 审核管理、服务的接入控制等安全管控机制，在数据不同的生命周期节点上应用不同的安全技术组合，从数据采集、数据传输、

数据存储、数据处理、数据共享和数据销毁 6 个方面保障数据安全。

元数据管理模块提供元系统配置、元数据采集、血缘关系及元数据查询等功能，实现对数据采集、存储、加工和展现等数据全生命周期描述信息的管理，帮助用户理解数据关系和相关属性，了解数据资产分布及产生过程。

数据开发模块具有服务建模、数据流程、部署调度、测试验证等功能，为数据服务开发、数据流程加工提供支撑。

数据模型模块提供模型标准、模型设计、模型评审、自动检测等功能，实现对模型的比对、分析、展示，进行统一的多系统、多团队并行协作管理。

数据交换与服务模块提供服务组件、交换服务、传输服务、复制服务、对比验证服务、集成服务、共享服务、数据加工组件等的统一支撑。

第 4 节 改革项目建设管理模式

我国政府采用高度专业分工体制，不同部门之间、不同行政层级之间条块分割，政府信息化系统的建设、管理、运营由各级政府部门自行负责组织，这容易导致"数据孤岛""业务烟囱"等问题。数字政府建设中要运用整体政府理论，变革原有信息化建设模式。

在数字政府改革浪潮下，党中央、国务院在加快政务信息系统整合共享方面做出一系列部署，明确要求破除"信息孤岛"，大力推进数据共享，实施"互联网＋政务服务"。国务院办公厅印发的《国家政务信息化项目建设管理办法》中提出：对于涉及跨部门共建共享的政务信息化项目，由牵头部门会同参建部门共同开展跨部门工程框架设计，形成统一框架方案后联合报国家发展改革委。框架方案要确定工程的参建部门、建设目标、主体内容，明确各部门项目与总体工程的业务流、数据流及系统接口，初步形成数据目录，确保各部门建设内容无重复交叉，实现共建共享要求。

4.4.1　"政企合作、管运分离"的建设新模式

在过去的机制下，由于行政职能和信息化建设管理职能没有分离，电子政务系统的建设、管理、运营由各级政府部门自行负责组织。有的部门由内设信息化机构负责建设管理与运营工作，有的部门则委托企业承担。无论是哪种模式，作为行政机关的政府部门都要投入大量人力资源从事与业务无关的技术管理与运营工作。以广东省为例，广东省在数字政府改革之前，55 个省直单位共设有承担信息化工作的机构 44 个，人员编制 745 名。如此庞大的机构和人员投入，一是造成人员和机构编制的浪费；二是业务部门既是信息化的建设者和管理者，又是使用者，这导致管理部门与信息技术部门没有清晰的边界，很大程度上技术变相地主导了政府信息化发展的方向，业务被技术牵制，出现重技术、轻业务，重建设、轻应用等现象。这既干扰了行政机关对政务业务和服务的改革创新，又不能保障技术管理与运营的质量。

针对这些问题，数字政府改革要在不打破政府行业管理专业分工结构的前提下，打破政府在信息化领域的藩篱，破除在数字化转型过程中跨部门、跨层级协作的障碍，实现建设管理机制、运营服务体系、技术支撑体系的统筹整合，构建集约精益的基础设施体系、互联互通的数据资源体系、高效协调的业务应用体系。

"管运分离"是由政府负责数字政府改革建设工作的行政主管统筹协调，将数字政府项目建设和运营交由第三方负责的一种运作模式。该模式有利于解决政务信息化各自为政、分散建设的问题。具体做法如下。

① 成立专门负责数字政府改革建设管理的部门，撤销业务部门内设的信息化机构，将业务部门的部分信息化职能分离出来，将应该市场承

担的交给市场，应该政府承担的交给数字政府主管部门，以有限的机构改革，实现数字政府改革建设管理的高度整合。

②成立数字政府建设运营实体，负责政府信息化项目的统一建设和运营，提供数字政府信息化能力服务，满足各单位业务应用需求。运营实体既可以由事业单位承担，也可以选择具有较强技术研发与业务能力的企业承担。数字政府建设运营实体除了负责项目的建设实施，还可以参与统筹协调项目建设过程中所需要的数字政府运行资源和服务，为本区域数字政府建设提供数据支持和专业技术支撑，承担运维运营工作，具体包括业务平台建设、整体运维服务、数据运营服务、政务服务中心运营服务等内容。

业务平台建设。负责数字政府相关基础设施、公共支撑平台及相关部门委托的业务系统建设运营工作。为数字政府改革建设政务云平台、政务大数据中心、公共支撑平台等基础资源平台，针对群众、企业、公职人员需求，建设便利民生事项办理、优化营商环境、提升政府行政效率等方面业务系统。

整体运维服务。基于本区域数字政府通用运维服务需求，建设和培养专业的信息化运维团队，在综合分析经济性、安全性及专业性等原则基础上，制定整体运维服务解决方案，采用独立承接、联合集成商、转包等多种方式为本区域内各单位信息化设备和系统提供整体运维服务。做好相关网络、平台、数据库、业务系统的安全防护。

数据运营服务。在保障数据安全的基础上，探索数据运营的新模式，加强政务数据治理能力，引导数据要素高效有序流通，促进数据跨部门、跨层级、跨系统、跨业务协同共享与开发利用，建构合法合规的运营新机制，挖掘数据的要素价值，开发数据包等服务产品，试行非涉密数据的市场交易机制，提高数据利用率，实现数据价值的有效提升。

政务服务中心运营服务。按照政务大厅服务标准和流程，为政务服务中心提供窗口服务（"窗口人员到岗、窗口服务工作承办、窗口服务人员管理"全流程服务）及一体化运行监管服务。通过政务服务中心的日常运营，在运营过程中发现问题，并提出优化方案，进一步提升政务服务整体水平。

在数字政府建设过程中，要鼓励民营资本、国有企业、金融机构等市场主体和社会资本积极参与，要充分发挥国有企业，特别是信息技术类企业在数字政府建设中的引领作用；要坚持市场主导、政府促进、多方共赢的新型商业模式，形成"共建、共商、共赢"的合作生态，形成市场化可复制、可推广的"政企合作"新业态新模式。"政企合作"模式一般有 4 种实施方法：一是政府独立投资，对于公共性、安全性要求较高，经济效益较小，但社会价值较大的项目，由财政投资，按规定程序交由运营公司实施；二是全部由企业投资、建设和运营，对于具有服务性、效益性，且可以市场化投资运营，经济效益大于投资成本的项目，由运营公司投资、建设和运营；三是政府与企业共同投资、建设和运营，对于具有公共性、公益性，且可以市场化投资运营，经济效益与投资成本基本持平的项目，可采取政府与运营公司共同投资、建设和运营的模式，政府提供相关的扶持鼓励政策并提供引导资金，运营公司负责项目建设投资，并进行建设和运营；四是企业投资建设、政府购买服务，对于某些投资大、周期长、需要不断迭代开发的公共性的项目，也可采用运营公司投资建设、政府购买服务的建设运营模式。

"政企合作、管运分离"模式让信息化建设管理与技术运营适度分离，在技术运营侧推进整合，既保证了政府的主导性，有利于政府把重点放在资源管理和提供更高质量的政务服务上，又提升了技术运营的专业性和持续性，可发挥市场主体快速响应、机制灵活的优势。

广东省首先提出"管运分离"的数字政府建设运营模式。2014 年，广东省在省经济和信息化委员会内部设立大数据管理局，在全国属于先例。

2017 年，广东省成立由省长任组长的数字政府改革建设工作领导小组，并组建了广东省政务服务数据管理局（即广东省政数局），广东省各市、县（区）参照省级机构进行改革，也成立了政务服务数据管理局。同时，广东省撤并调整省直单位内设的信息中心，成立广东数字政府建设运营中心，承担原省信息中心的建设与技术服务工作及省直部门信息系统建设、开发、运行维护等相关工作。广东数字政府建设运营中心的职责由数字广东网络建设有限公司（以下简称数广公司）承担。数广公司聚焦数字政府建设运营，为广东省数字政府改革建设提供全方位支撑，助力广东省在省级政府网上政务服务能力方面连续多年位居全国第一。

广东省构建全省数字政府改革建设部署的纵向贯彻机制，形成纵横协调、"管运分离"的机构体系，实现了资源集中、人员集中、技术集中、能力集中，这有利于形成合力为其他部门提供统一的 IT 管理和服务。广东省数字政府"管运分离"的管理架构如图 4.16 所示。

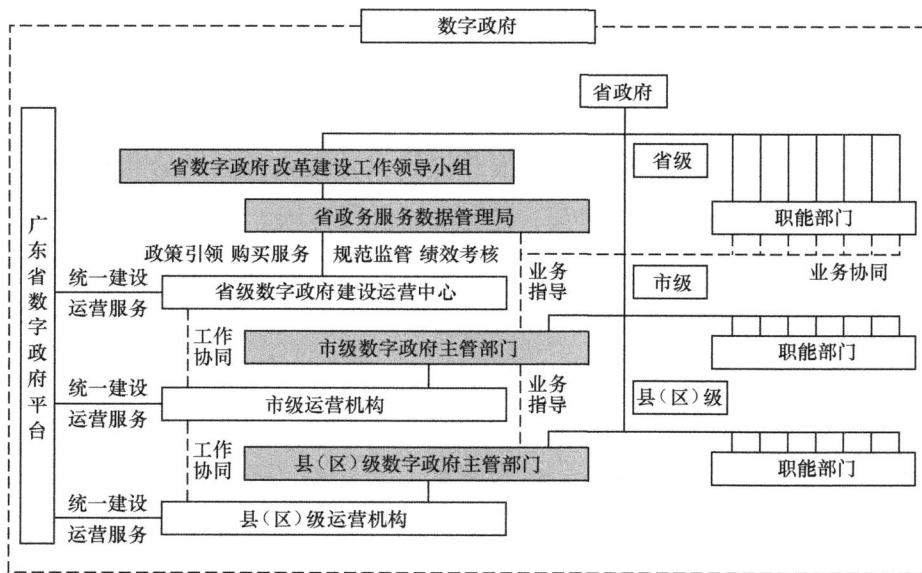

图 4.16　广东省数字政府 "管运分离" 的管理架构

福建省成立数字福建建设领导小组，由省委书记任组长。领导小组承担数字福建建设领导决策和管理协调职能，办公室加挂省大数据管理局牌子，由省发展改革委管理。福建省大数据管理局统筹全省信息化工作，推进重点领域信息化应用统筹规划和协调推进重大信息化基础设施和公共平台建设，负责全省公共信息资源综合管理和开发利用，组织编制数字福建建设投资计划，负责相关项目管理，负责全省互联网经济宏观指导、统筹协调和组织推进相关工作等。与此同时，福建省还成立了省管全资国有企业——福建省大数据集团有限公司（以下简称大数据集团公司）。福建省政府把相关省级政务信息化资产经依法评估后入资大数据集团公司，并由大数据集团公司作为省级电子政务公共平台和新建的省级部门政务信息系统的业主单位，全面负责福建省级电子政务网络、云、平台等系统的建设和运维。各委办局整合提交信息化建设需求和基本方案，汇总到大数据集团公司进行需求分解和初步设计，最终再提交至省大数据管理局进行立项评审。评审通过后，以国资增资的方式，将系统开发和运营服务费用注入大数据集团公司。后者通过资本杠杆运作，实现以相对较少的前期起步资金，实现政务信息化建设交付和长效运营，同时以新基建为契机，带动相关领域的数字经济发展。

河南省洛阳市采取"一局、一中心、一公司"的"管运分离"数字政府建设模式。在市数字政府建设领导小组的领导下，市政务服务和大数据管理局统筹推进数字政府建设，负责全市政务信息化建设总体规划、专项规划、政务信息系统年度计划的编制实施；成立大数据中心（城市运营中心），履行政务信息化项目的技术审核论证，负责大数据平台的运维管理、数据归集治理和网络安全防护，并为市直部门政务信息化工作提供数据服务保障；依托现有市级国有融资平台组建数字政府运营公司，承担市级数字政府建设项目总集成、迭代更新、运维和数据运营等工作。洛阳市数字政府建设运营管理模式如图 4.17 所示。

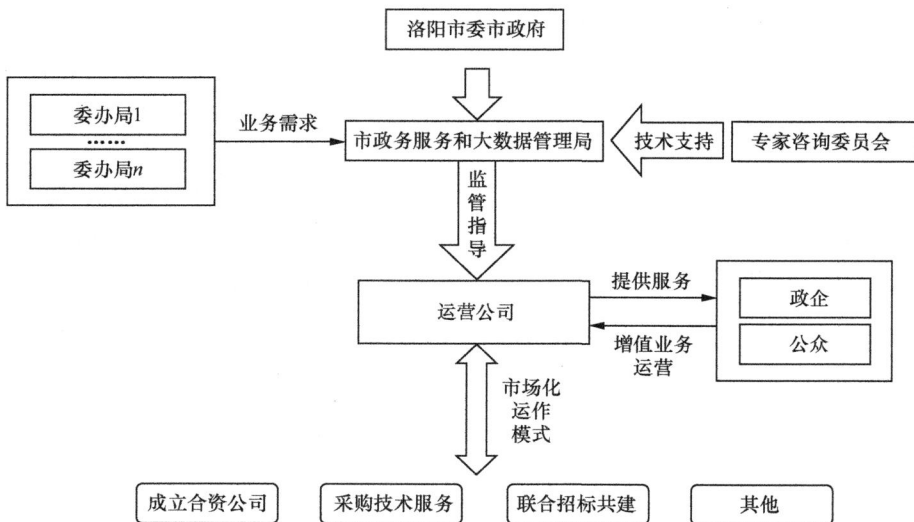

图 4.17　洛阳市数字政府建设运营管理模式

4.4.2　"集约高效、统筹规划"的项目管理新机制

随着数字政府建设和运行的深入推进，相关行政资源、财政资源、人力资源等随之发生变化且需要重新配置，以产生推动政府转型的内生动力，数字政府建设要优化体制机制，实现"集约高效、统筹规划"。

一是构建强有力的协调机制。成立数字政府改革建设领导小组，加强数字政府顶层设计，实行统一工程规划、统一标准规范、统一需求管理、统一备案管理、统一审计监督、统一评价体系，构建服务规范、信息共享的业务协同机制和功能完整、体系开放的技术支撑机制。

二是在数字政府改革建设领导小组统一领导下，成立领导小组办公室，具体负责统筹协调管理。成立数字政府建设运营实体，负责数字政府统一建设和运营，提供数字政府信息化能力服务，供各单位购买服务，满足各单位业务应用需求。由领导小组办公室对建设运营实体进行业务指导及需求沟通，包括审核同意其经营方针和投资计划、制定项目标准规范、监控项目进度、审核项目验收、把控服务商质量等。同时，领导小组办公室对建设运营实体的项目建设进行业务指导和绩效考评，明晰其工作职责，设计量化考核指标，确立考核标准，构建量化记录体系，参考选用目标管理（MBO）、关键绩效指标法（KPI）、平衡计分卡（BSC）、目标与关键成果（OKR）等绩效考评工具。

三是明确各业务需求单位职责。 各单位不再直接参与项目建设过程，但其需要负责需求提出及确认、项目验收等工作，并对数字政府建设运营实体进行业务指导。

四是要构建专家咨询机制，完善决策流程。 要充分调动高校、研究院所及咨询机构等相关领域的技术专家能力，辅助领导小组决策，统筹考虑项目立项及建设优先级，制订相应的计划，滚动调整、迭代优化，持续完善信息化管理体系。

五是完善项目管理手段流程。 要以资金管理为抓手，"倒逼"数据共享和项目共建，通过项目建设投资和运行维护经费协同联动，实现项目从规划设计、立项审批、系统建设、资源编目到数据挂接的全流程管理。对于不按要求共享数据资源、重复采集数据资源的信息系统，或者未纳入政务信息系统目录的信息系统，不安排建设及运维经费。对于各部门已建信息化项目申请升级改造的信息系统，需按要求进行互联互通和数据共享才准予立项。

广东省积极推进"集约高效、统筹规划"的项目管理新机制，通过建设项目管理系统，满足了省级政务信息化项目全过程管控的业务需求，支撑业务全程线上办理，改善了以往线下流转的业务状况，提升了业务规范性和及时性；通过专家委员会管理子系统，为各类政府信息化项目评审活动提供了规范、高效、专业的专家评审服务，强化专家动态管理和规范专家行为，保证政府信息化项目评审结果的公平、公正。广东省还积极探索运用云服务提升政务信息化集约建设水平，明确要求建设单位应充分依托云服务资源开

展集约化建设。同时，广东省鼓励项目单位积极采用外包服务，减少自建、自管、自用、自维，鼓励各部门积极探索运用新技术建设项目，建设人工智能、区块链、物联网、云计算、大数据等技术平台并共享共用。

第 5 节　加强网络安全与数据保护

数据安全是国家重要安全战略。2017 年 6 月，《中华人民共和国网络安全法》施行；2020 年 1 月，《中华人民共和国密码法》施行；2021年 9 月，《中华人民共和国数据安全法》施行；2021 年 9 月，《关键信息基础设施安全保护条例》施行；2021 年 11 月，《中华人民共和国个人信息保护法》施行。这些法律法规对我国数字政府建设构筑了相对严密的法律框架，也奠定了数字中国战略发展的坚实基础。

推进政府数字化转型必须同步关注网络信息安全建设，正确处理好安全与发展的问题，进一步夯实数字政府安全基础设施，加快关键核心技术攻关。要在网络建设、数据中心、数据共享开放、业务系统应用的每个环节，严格落实各项法律法规制度，全面构建制度、管理和技术衔接配套的安全防护体系，切实守住网络安全底线。要全面强化数字政府安全管理责任，统筹建立健全动态监控、主动防御、协同响应的数字政府安全技术保障体系，做到及时发现、快速响应、联防联控，为数字政府高质量发展保驾护航。

4.5.1　数据安全防护与管理

2021 年 9 月 1 日，我国数据安全领域首部法律《中华人民共和国数据安全法》正式施行，该法律明确提出，要建立保障数据安全和推动数据开放的制度措施，确立数据分级分类管理以及风险评估、监测预警和应急处置等数据安全管理。这标志着我国在数据安全领域有法可依，从而为我国数字化转型的健康发展提供法治保障。

数字政府建设过程中,各地政府要遵循《中华人民共和国数据安全法》《中华人民共和国个人信息保护法》等相关法律要求,制定符合本地区发展需求的法规标准,强化安全管理体系建设。一方面,要根据相关的网络安全政策文件规定,健全相关机制,增强网络安全管理统筹能力,进一步完善网络安全管理办法,落实相关网络安全法律法规、网络安全等级保护等合规性要求。另一方面,要强化合规性检查及指导,加强各级各部门重要系统的安全建设和整改指导,定期开展网络安全合规能力建设情况检查,提高安全认识,增加网络安全演练,提升网络安全防范能力。

数据安全防护是综合性系统工程,涵盖数据采集、汇聚、融合、治理、共享、应用等全过程。数字政府安全防护体系建设,尤其是数据安全方面的建设,要坚持技术自主可控的底线,保障整体的健康稳定运行。要建立数据安全管理组织、标准和制度,建设数据安全管理工具,确定数据安全的保护等级,开展安全审计,构建以数据为核心要素的全生命周期安全管理体系。政务数据安全防护体系框架如图4.18所示。

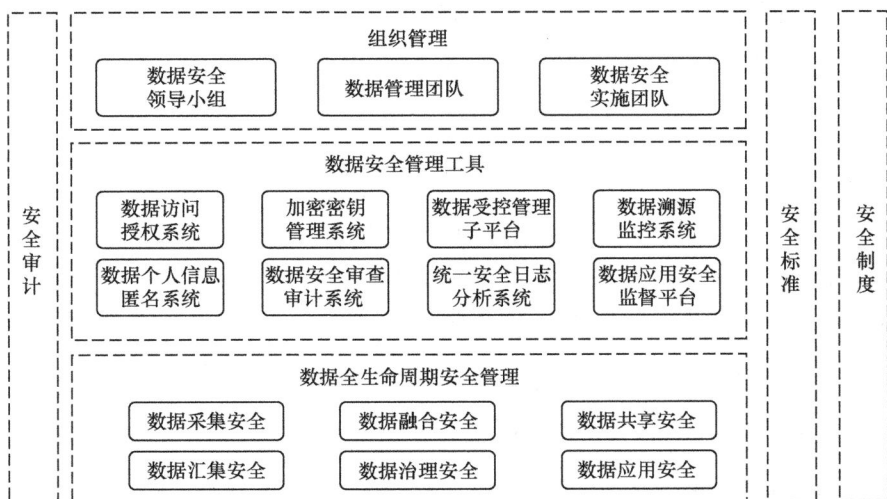

图4.18 政务数据安全防护体系框架

持续推进数字政府领域安全技术的应用创新，构建可持续发展的安全技术发展体系需要从以下几个方面入手。

1．建设一体化安全运营平台，加强整体性安全监管

建设集安全大数据、攻防演练、流程闭环、态势感知等功能于一体的安全运营支撑平台，打造数字政府安全体系管理中枢，提升内外部风险感知能力、安全管理闭环能力、协同安全防护能力、攻击检测分析能力、违规行为发现能力、应急事件响应能力和态势感知预警能力。强化应用和数据安全保护，围绕身份鉴别、访问控制、安全审计、通信保密性等方面，完善应用安全体系，保障应用全生命周期安全。

2．建立全方位、动态的数据保护管理制度

一是要建立数据分类分级保护制度，确定重要数据目录，加强对重要数据的保护，尤其对关系国家安全、国民经济命脉、重要民生、重大公共利益等方面的数据实行更严格的管理制度。二是要落实相关网络安全法的规定，进一步细化数字政府中的云、网、平台、数据、系统等关键信息基础设施和政务数据的安全保障制度。三是要完善数据流通管理制度，要加强数据流通安全评估机制，制定数据流通的准入准出标准及流程，以及数据流通的应急保障机制。四是要完善网络安全应急预案，加强网络安全应急队伍的建设，组织开展实战型网络安全应急演练，提高整体网络安全运行监测预警、态势感知及应急处置能力。建立健全"事前、事中、事后"的全流程安全监管联动机制，提高网络安全突发公共事件处置能力。五是要完善安全责任考核指标和考核制度，借助第三方安全机构评估监测服务质量，强化评价和考核结果应用。完善数字政府网络安全评价机制，利用攻防实战演练检验各地各部门网络安全防护能力，促进各地各部门不断完善网络安全防御体系。六是要强化数据安全监管，建立健全数据安全治理体系，提高数据安全保障能力，保障公共数据及隐私安全，构建个人信息处理的风险评估和合规审计制度，建立个人信息保护负责人制度等。

3．建立健全数据安全标准规范

一是要建立健全数字政府数据安全体系建设的标准规范，对标准的执行进行监督检查，完善标准评价体系和标准应用管理机制，发挥技术标准对数字治理、数据安全和个人信息保护的基础性、规范化和引领性作用，选择重点行业、领域、地区开展标准试验验证和试点示范，尤其要针对敏感个人信息及人脸识别、人工智能等新技术、新应用，及时制定专门的个人信息保护标准。二是要围绕数据标准化的重大需求，开展重点标准规范的制定，明确数据分级分类原则、数据隐私保护要求等核心要点，出台相关管理规章制度，明确数据责任主体，形成长效的数据安全规章制度保障。

4.5.2 关键信息基础设施安全保护

2021年9月，《关键信息基础设施安全保护条例》施行，其既是落实《中华人民共和国网络安全法》要求，构建国家关键信息基础设施安全保护体系的顶层设计和重要举措，又是保障国家安全、社会稳定和经济发展的现实需要。

《关键信息基础设施安全保护条例》要求加强"云、网、平台、数据、系统"等关键信息基础设施的"认定、保卫、保护"。针对数字政府建设，需开展的具体工作包括以下3个方面。

1．推进数字政府关键信息基础设施认定

围绕关键信息基础设施承载的关键业务，开展业务依赖性识别、关键资产识别、风险识别等活动，确定关键信息基础设施。将符合认定条件的基础网络、大型专网、核心业务系统、云平台、大数据平台、物联网、新型互联网等重点保护对象纳入关键信息基础设施清单，并实行动态调整机制。

2. 加强数字政府关键信息基础设施安全保卫

一是建设网络安全保护平台。二是围绕网络攻击入侵、渗透控制、窃密等破坏活动，严密防范、严厉打击危害关键信息基础设施的违法犯罪活动。三是对不履行相关网络安全法定责任义务的单位和个人，加强执法力度。四是针对供应链安全、邮件系统安全、网站安全、数据安全、互联网企业网络安全、新技术新应用网络安全等方面存在的突出问题，适时组织开展专项整治行动。

3. 开展数字政府关键信息基础设施安全保护

一是以保护关键业务和运行安全为重点，变单点防护为整体防控。对业务所涉及的一个或多个网络和信息系统进行体系化安全设计，构建关键信息基础设施整体安全防控体系。二是以可信计算等核心技术为支撑，变被动防护为主动防御。基于可信计算、人工智能、大数据分析、密码等核心技术，构建安全防护框架，结合威胁情报、态势感知，及时发现和处置未知威胁，提高内生安全和主动免疫能力、主动防御能力。三是落实数字政府相关物理设施保护和电力电信保障措施。保护机房、大数据中心、云平台等物理设施安全，严防地震、洪灾等破坏，保障网络运行正常、数据免遭破坏。四是加强保密管理。在数字政府信息建设、运维、采购产品和服务、招投标等方面，加强保密管理，坚决杜绝在招投标等活动中泄露关键信息基础设施秘密。

4.5.3 密码应用合规性改造

密码是保障网络空间安全的核心技术。密码建设直接关系国家政治安全、经济安全、国防安全和网络安全，在网络空间安全防护中发挥着重要的基础支撑作用。数字政府建设应积极运用国产密码进行防护，将密码作为网络空间安全体系的"内置免疫基因"，实现网络从被动防御向主动免疫转变。使用自主、安全、可控的国产密码，既是对国家安全和经济社会发展的有力防护，也是对数字政府建设、公民合法权益和个人隐私的有力保障。

2021 年 3 月，国家密码应用与安全性评估的关键标准《信息安全技术　信息系统密码应用基本要求》正式发布，该标准成为我国贯彻落实《中华人民共和国密码法》、指导我国商用密码应用与安全性评估工作开展的纲领性、框架性标准。该标准定义了信息系统密码应用的技术框架，并将应用系统密码应用基本要求分为 5 级，每级又分别从物理和环境安全、网络和通信安全、设备和计算安全、应用和数据安全 4 个方面提出密码应用技术要求，以保障信息系统从机密性、完整性、真实性、不可否认性 4 个维度满足标准要求。另外，该标准还从管理制度、人员管理、建设运行和应急处置 4 个方面提出了密码应用管理要求。

数字政府在密码应用方面应按照国家标准《信息安全技术　信息系统密码应用基本要求》开展。一是政务云平台要从身份认证、传输安全、存储安全、不可否认性等方面，对政务云平台业务用户、云租户、云平台管理员 3 类人员开展基于密码技术的身份鉴别；对云平台重要数据（镜像文件、快照文件、业务办理数据、资源管理数据、资源监控数据、配置数据）在传输、存储过程中开展机密性、完整性保护。另外，针对云管理平台 / 虚拟化软件关键操作行为的不可否认性进行密码保护。二是政务外网要开展网络传输设施升级改造，网络设备应全面支持国产商用密码算法，建设政务外网电子认证基础设施、密钥管理基础设施，完成政务外网信任服务体系建设，并基于信任服务基础设施搭建"数据分级分类授权流通平台"，使用基于国产密码算法的安全套接字层协议 / 传输层安全协议加密隧道实现各类数据的安全合规流通。三是应用系统和数据要从机密性、完整性、真实性、抗抵赖性等角度进行全面改造，采用符合要求的密码服务和密码产品。四是要制定和落实安全管理、人员管理、建设运行、应急处置等方面的制度。

随着云计算技术的逐步成熟和深入应用，构建以密码服务云化为核心的数字政府密码资源基础设施日渐成为发展趋势。密码服务云化需要实现对密码运算资源的池化，包括密码算法服务、证书管理服务、密钥管理服务、随机数服务、云电子签章服务、云加密存储服务等，并且要形成密码资源服务目录，以"租用"的方式使用数字政府云平台密码资源提供的各种密码服务，包括云密码资源服务、云密码功能服务和云密码业务服务。

第五章

数字政府建设新成效

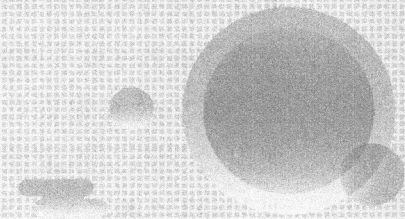

自开展数字政府改革建设工作以来，各地在政务服务、社会治理、营商环境、政务协同等领域取得了显著成效。数字政府建设呈现多点开花、多元创新的新局面，建设成效已逐步呈现在营商环境的改善、创新氛围的营造、数字经济的发展、绿色生态的培育、和谐社会的共建、市民参与度与信任度提升等方面。

各地政府积极应用新技术、新平台开展防疫工作，依托已建成的一体化政务服务平台、信息共享交换平台、"城市大脑"、政务服务 App 等成果，在信息发布、数据分析和在线服务等方面进一步加强公共服务和社会治理能力，推出"健康码""疫情防控信息发布平台""线上融资平台"等小程序或 App，通过"网上办、指尖办、预约办、就近办"等方式减少人员跑动和聚集，在群众出门出行、企业复工复产、消费复苏及新冠肺炎疫情防控期间保障正常生活生产秩序等方面发挥了至关重要的作用。各级政府在发挥数字技术支撑疫情监测分析、病毒溯源、防控救治、资源调配之余，同时加快推动公共安全、生态环保、应急保障等领域的数字化转型。在数字政府建设过程中，政府与相关企业还积累了大量数字化方面的管理经验、技术经验，培养了一批相关专业的人才，为持续开展数字政府建设奠定了人才基础。

数字政府建设已成为各级政府利用新一代信息技术推进政府治理现代化乃至国家治理现代化的重要手段。广东省率先推行"指尖计划"，将"粤系列"平台打造为"粤品牌"，推行的"粤省事"移动民生服务，实现大多数高频服务事项"零跑腿"，老年人千里之外"刷脸"就能领取养老金，群众办事越来越高效，一系列改革受到群众欢迎；贵州省构建"进一张网办全省事"的大审批服务格局，建设精准扶贫大数据支撑平台，打通公安、教育、人社等部门数据，提高扶贫、脱贫精准度；还有北京市大力推进政务服务领域区块链应用建设，上海市推进"一网通办""一网统管"建设，浙江省深化"最多跑一次"改革，江苏省推进"不见面审批"，深圳市大力推广"秒报秒批一体化"新模式。我国各地围绕数字政府改革建设形成百花齐放的政府数字化转型新格局。

第 1 节　数字底座"一体赋能"新支撑

5.1.1　广州市构建政务"一张网""一朵云""一条链"

1. 广州市政务云建设的实践案例

2014 年以来，广州市按照集约建设的原则，通过采购 3 家云服务商提供的政务云服务，构建统一的广州市政府信息化云平台，为市级政府各部门提供高效、安全、可按需使用的政务云服务，为打造统一的安全政务云平台、一体化网上政务服务平台、数据资源融合平台，构建一网通办的"互联网 + 政务服务"体系打下坚实的基础。

广州市政府信息化云平台自运行以来，已累计为 470 多家单位、1680 多个业务系统提供支撑服务。广州市在政务云平台建设、标准制度建设、精细化运营、云安全保障等方面逐步总结出政务云建设的广州实践经验。

（1）突出标准引领

广州市建立了从系统迁移、云资源申请到资源动态调整、资源撤销等全流程的制度规范体系。一方面，广州市制定了广州市政务云管理办法及实施细则，规范各方职责，明确政务云管理流程，确保政务云有序运营，使广州市政务系统和数据安全稳定运行；另一方面，广州市建立了配置科学、职责明晰、边界合理的广州市政务云管理工作机制，在广州市政务云平台的规划、部署实施、运营、评估等生命周期的各阶段形成合力，充分发挥广州市政务云各相关方的专业特长，调动各相关方的积极性，以监管促进政务云运营工作改进，以评估促进政务云服务效能提升，构建从问题发现到问题解决的高效闭环工作机制。

（2）采用"一地三中心"模式保障云服务的可靠性

广州市政务云平台的3家云服务商分别在本地建设云服务中心，并按要求分别在本地建设备用中心（3主3备），以保障业务的稳定运行。3个云服务中心的网络统一接入政务外网，并统一接受政务信息化主管部门的监管，用户单位根据应用情况可自行选择任意一家服务商开展租赁服务。

广州按照"统一组织、先易后难、分步实施"的原则，积极推动全市政府部门用户的非涉密政务信息系统逐步向政务云平台迁移，各部门原则上不再保留自建系统机房。同时，广州市政务云平台纳管各区、各部门已建的政务云平台，对于已建的政务云平台，采用各区、各部门自建模式建设的不再扩容其资源规模，并且需要按照广州市政府信息化云服务平台要求对其进行接入纳管。

（3）建设统一的云资源管理平台，推动政务云的精细化运营管理

广州市政务云平台通过建设统一的云资源管理平台，实现对云资源的动态分配和弹性伸缩，一方面在资源层面实现了无缝管理，包括对计算资源、存储资源、网络资源、数据库资源、中间件资源、安全资源、备份资源等云资源的统一管控，提升了政务云资源的利用率；另一方面在业务层面实现业务服务统筹运营，即云资源申请、资源变更等能在云资源管理平台中实现统一的无差异化管理，推动了政务云平台精细化运营。

（4）做好安全保障，确保云上应用安全稳定运行

针对云上业务系统可能存在的安全防护薄弱、安全运营分散、缺乏演练等问题，持续提升政务云安全风险监控、预警水平，加强系统上线

前风险评估，杜绝系统"带病上云"；定期开展覆盖政务云上系统的实战化网络安全攻防活动，通过演练发现并及时清除潜在的安全隐患，确保政务云上系统安全稳定地运行。

广州市统一建设的政务云平台应用效果显著，实现了以下4个方面的提升。

一是提升了政务信息化建设管理的统筹能力。 通过统一的资源服务及管控平台系统，为开展全市信息化整体规划、资源调配、工作部署、统筹管理等提供更科学、有效的支撑和依据。

二是提升了资源利用率、系统建设的效率与效益及灵活性。 通过统一建设政务云平台，有效节省了建设投入和管理成本。各企业无须经过传统的硬件和系统软件采购招标、安装、集成等流程，缩短了项目建设周期。经测算，依托统一的云服务，降低了信息化项目建设硬件采购成本，平均缩短了70%以上的部署周期。

三是提升了基础支撑环境的运维、管控能力。 通过发挥云服务商基础配套设施全面、专业人才聚集的优势，机房配套环境、基础软硬件系统、网络安全防护等运行维护能力得到了提升，把各企业技术人员从日常运维工作中解放出来。

四是提升了公共支撑平台的服务水平。 通过建设政务云平台，统一标准规范，为广州市加快提升政府大数据中心、协同审批系统、电子证照等公共支撑平台的服务水平奠定了良好的基础。

2. 广州市政务外网建设的实践案例

广州市遵循"统一稳定架构，市、区、镇（街道）、村4级全覆盖，大带宽、低时延、安全可控，技术先进"的理念建设政务外网。截至2021年年底，广州市政务外网用户中有110多家市财政一级预算单位、11个区、750多家市财政二级预算单位和国有企事业单位，承载的业务系统超过1000个，主要包括政务云管控平台、市数据中心数据共享交

换系统、电子证照系统、各政务部门门户网站、办公自动化系统、电子邮箱系统、网上办事系统等。其主要特色包括以下 6 个方面。

（1）实现了统一网络架构、统一业务承载

构建多应用平面目标网络架构，实现全市政府部门全覆盖，确保网络架构规范、安全可靠。实现协同办公系统、政务大数据、统一云平台等应用跨层级、跨部门的数据共享、业务交互与协同办公。

（2）解决了"最后一公里"接入的问题

在出差、偏远区域、零散智能终端等特殊需求下，结合网络实际情况，采用互联网、专线、手机移动网络等多种方式实现末端智能终端接入。

（3）建设了高可靠、低时延的传输专线

传输专线具有高可靠、低时延的特点，保障高品质业务的需求。最新光网络带来了更低时延，每架专线同时具备多路由光缆保护能力。

（4）提供了可靠的安全防护

从边界、流量、接入、终端 4 个方面部署安全系统，统一进行安全防护，重点解决人员接入认证、互联网攻击防护、信息安全防护等网络安全保障问题。

（5）推动了专网整合

广州市采用虚拟专网的方式进行业务隔离，推动部门业务专网向政务外网融合，打破"信息孤岛"，避免重复投资，实现资源共享。

（6）实现了高效建设运维管理

广州市通过制定统一的建设标准、统一的接入规范，避免重复建设，避免网络结构复杂。通过设置统一的网管，实现分权分域管理，提升各级维护部门人员工作效率和网络服务保障质量。

3．广州市政务区块链平台建设的实践案例

2020 年 5 月，广州市工业和信息化局印发《广州市推动区块链产业创新发展的实施意见（2020—2022 年）》，该文件提出加快推进广州市区块链和经济社会融合发展，促进区块链技术在建设网络强市、发展数字经济、助力经济社会发展等方面发挥更大作用，抓好区块链技术创新、应用落地、产业发展，推进"建链、上链、用链"工程，打造具有核心竞争力的粤港澳大湾区区块链技术和产业创新发展高地等发展目标。

2020 年 6 月，广州市政务服务数据管理局印发《广州市政务区块链＋营商环境工作方案》，该文件提出建立全市统一的政务区块链基础平台，构建基于区块链技术的数据共享应用体系，通过可信身份、电子证照共享和政务服务数据跨部门跨区域共同维护利用、共享校验，最大限度地减材料、减跑动、减时限、减环节，围绕政务服务"一网通办"，深化"放管服"改革，实现更多"看得见、摸得着"的应用场景落地，推动广州市"政务区块链＋营商环境"走在全国前列。

2020 年 9 月，广州市建成全市统一的政务区块链平台。该平台是基于区块链技术生成的市级新基础设施，是广州市探索利用区块链数据共享模式，实现政务数据跨部门跨区域共同维护和利用，促进业务协同发展办理，深化"最多跑一次"改革，为人民群众带来更好的政务服务体验的具体举措。

目前，政务区块链平台沉淀了很多典型通用的区块链应用场景，内置智能合约，支持根据具体应用场景定制待上链数据账本格式，并对各接入部门提供数据上链存证、查询、核验、溯源等能力，以简化、方便、直观为原则对各系统开放接入服务，各接入部门系统只要以通用跨平台接口对接的方式对接政务区块链平台，便可以通过平台管理端查看上链数据情况。截至 2021 年年底，已有 10 多类电子证照数据上链，其中，食品经营许可证上链 41 万份、营业执照上链 300 多万份。一体化政务服务平台累计上链 10 万份电子档案。另外，广州市区块链可信认证服

务平台已为广州市及港澳地区用户提供全程一体化网络身份认证、电子签章、电子签名服务，为业务流转提供可信基础设施，为业务的可靠性保驾护航。

广州市将区块链平台应用推广至供电局、统计局、税务局、卫健委等多个市局单位，最大限度地推进了区块链和经济社会融合发展。

广州市以不动产登记高频业务为切入点，将与登记相关的市场监管、公安、税务、民政、住建等部门相关数据集中到一个链上，推进企业间存量非住宅登记、抵押登记、涂销抵押登记、存量房转移登记"一网通办"等应用场景，实现减材料、减跑动、减时间，实现了全市不动产登记机构数据实时更新和同步安全共享，为企业和群众提供跨区域、不间断的不动产信息查询服务。

广州市推进开办企业涉及的各部门业务数据上链，推进申请营业执照、刻制印章、申领发票、就业和参保登记、住房公积金缴存登记、预约银行开户等事项的融合办理，推动企业生产经营后续环节应用，为企业全生命周期提供全链条便利服务。

广州市基于区块链技术研发的"账户通""易链签""易链保""链资信"等应用工具，被用于工程建设项目招标投标、政府采购、土地使用权和矿业权出让、药品集团采购、城市更新招商等公共资源交易领域，实现了业务办理从现场、计算机端办理向移动端转移，进一步优化了业务流程，达到了利企便民的目的。

广州市还将个人纳税记录上链，实现市场监管局和税务局信息闭环，解决两个部门之间前置交换误传、漏传问题；在门户网站方面，广州市统计局数据上链，使统计数据不易更改，解决数据可信问题；在医疗方面，医疗数据上链，提供医院检验证明互认平台，解决数据易被篡改问题，使数据权责明晰并可追溯。

5.1.2　酒泉市一体化推进政务基础设施建设 [1]

近年来，酒泉市推进城市"一张网""一朵云""一个库""一个大脑"建设，建设全市统一的政务网络和基础设施，不断提升民生服务和社会治理能力。

1．打造"一张网"，提升政务外网支撑能力

按照"统一网络、集约发展、安全管理"的原则，酒泉市起草编制了《酒泉市统一电子政务网络整合改造方案》，进一步拓展市级政务外网覆盖范围，统一各级党政机关、事业单位政务网络和互联网出口，形成互联互通、安全规范、资源共享、高效利用的市级政务外网网络体系。

2．构建"一朵云"，加强信息系统集约化管理

酒泉市按照"快、顺、好、稳"要求和"应上尽上"的原则，持续推进各部门信息系统迁移上云工作。截至 2021 年年底，酒泉市政务云共部署 39 个部门单位的 236 个信息化系统，累计分配云服务器 913 台，云资源平均使用率达 68.73%，服务保障一体化政务服务平台、智慧城市、智慧教育、雪亮工程、12345 热线、不动产登记管理系统、政府网站群、公积金管理、公共资源交易等信息系统安全稳定运行 1151 天。酒泉市政务云平台自建成投运以来，累计节约硬件购置、机房建设维护等资金7000 余万元，实现了政府信息化建设由传统的"按需而建"模式逐步向"按需而用"购买云服务模式的转变，有效地促进了政府信息系统集约化建设和管理。

3．汇聚"一个库"，加强数据资源归集共享应用

酒泉市不断加强政务数据共享应用体系建设，编制发布《酒泉市政务大数据应用管理暂行办法》《市直部门数据共享责任清单（第一批）》，

1　部分资料来源于电子政务网《围绕"一张网""一朵云""一个库""一个大脑"加强政务信息化基础建设》。

建立健全政务数据共享协调机制，推动全市大数据归集、整合、共享开放和开发利用，促进大数据健康发展，持续推进政务数据归集。截至2021年年底，酒泉市大数据共享交换平台归集入库59个部门、单位共3382项政务数据目录，整合政务数据资源1021个，发布数据接口159个、库表资源318个、文件资源544个，库表数据超过9870万条，向省级政务数据共享交换平台提供政务数据资源目录2285个、数据资源463个，申请国家和省级共享交换平台数据接口142个，数据共享应用评级综合得分98分，在甘肃各市州排名第二，基本形成全市统一的政务数据共享资源库和跨区域、跨层级、跨部门的数据共享交换体系。为了有效提升政务数据资源共享使用效率，酒泉市建成市级人口、法人单位、电子证照、空间地理、统一身份认证等基础数据库，支撑政务服务"一网通办""互联网＋监管"、社会信用、不动产登记、"多证合一"等数据共享交换和业务协同，积极推动各单位申请使用共享交换平台归集入库的政务数据，各类共享数据资源接口累计被调用20亿次，数据资源申请使用量较2020年度有明显增长。

4. 做强"一个大脑"，高质量推进智慧城市建设

酒泉市全力推进智慧城市运管中心（"城市大脑"）项目建设。按照《酒泉市新型智慧城市建设方案》，建成了甘肃省首个集全域感知、数据服务、应用支撑、城市智能运行指挥能力为一体的智慧城市运管中心（"城市大脑"），"城市大脑"已汇聚横跨30个部门共420余类总计260万余条的数据资源，建成包括"数字酒泉一张图"＋时空大数据平台／城市信息模型（City Information Model，CIM）基础平台为一体的酒泉智慧城市数字底座，搭建了集城市态势感知、运行管理、决策支撑等功能的智慧城市运管中心平台，以及社会发展、经济运行、平安酒泉等7个大数据辅助决策的"数字驾驶舱"。

第 2 节　政务服务"一网通办"新形象

5.2.1　我国整体推进政务服务"一网通办"成效显著[1]

随着我国经济的快速增长与公民素质的提升，公民主体意识和参与意识日益增强，对政府服务的期盼更高、需求更多、范围更广。近几年，我国各级政府围绕惠民利企目标，大力推进"放管服"改革，加快数字政府建设，政务服务水平快速提升，并带动政府职能转变提速。

在国家政策的引领下，经过近几年的建设与探索，我国政务服务整体已达到较高水平。2022 年联合国数据显示，我国电子政务发展指数排名从 2018 年的第 65 位提升至第 43 位，达到全球电子政务发展"非常高"的水平，主要成效如下。

1."跨域通办"逐步实现

2020 年 9 月，《国务院办公厅关于加快推进政务服务"跨省通办"的指导意见》以附件的形式明确了《全国高频政务服务"跨省通办"事项清单》。2021 年年底，6 项户籍业务在全国范围内实现"跨省通办"。2021 年 8 月，东北 3 省 8 市开通"跨省通办"户口迁移业务，重庆市、四川省、贵州省、云南省、西藏自治区西南 5 省（直辖市、自治区）协同推出西南 5 省（直辖市、自治区）"跨省通办"服务专区。京津冀、长三角等区域围绕企业投资审批、企业开办社保、公积金等服务事项开展跨区域"一网通办"试点。跨区域"一网通办"将区域间的联动政策体系与新技术应用有机结合，通过优化区域间的营商环境更好地促进跨区域合作，加快推动市场要素资源的合理配置，实现服务范围"横向到边"。

示例—苏州市吴江区政务服务中心嘉兴南湖"跨省通办"服务窗口如图 5.1 所示。

1　部分资料来源于中国经济网《"一网通办"推进数字政府建设》。

图 5.1　示例—苏州市吴江区政务服务中心嘉兴南湖 "跨省通办" 服务窗口

2. "马上办、网上办、就近办、一次办"日益成熟

各地以群众需求为导向，持续推进改革与创新，"掌上办""指尖办""不见面审批""一次登录、全网通办"等不断涌现，提供了方便快捷、优质高效的便民服务，全面惠及人民群众。一是更加完善面向个人事项的"就近办"。多地上线基层综合便民服务平台，将审批服务延伸到镇（街道）、城乡社区；二是积极推行"网上办"，"覆盖城乡、上下联动、层级清晰"的五级网上服务体系已初步形成。凡是与群众生产生活密切相关的审批服务事项"应上尽上、全程在线"，切实提高网上办理比例。全国近七成省（直辖市、自治区）已实现省（直辖市、自治区）、市、县（区）、镇（街道）、村（社区）服务五级覆盖，政务服务"村村通"覆盖范围持续扩大，政务服务均等化和普惠化基本实现，例如，北京市着力推进"党务 + 政务"工作试点，并已在 81 个试点党群服务中心开展政务服务。再如，深圳市宝能科技园将政务服务引入"党群服务中心政务服务大厅"，可以直接受理 101 项业务，辅助申报 208 项业务，为企业和群众办实事、办好事，足不出园即可享受便利服务，帮助企业降低办事成本，让企业把更多的精力投入创新创业。多地还以省为单位公布各层级政府"马上办、网上办、就近办、一次办"审批服务事项目录。企业和群众需求多、要求高与政府部门网上政务服务有效供给不充分、不均衡的矛盾得到一定缓解。

示例—深圳宝能科技园党群服务中心政务分厅如图 5.2 所示。

图 5.2 示例—深圳宝能科技园党群服务中心政务分厅

3. 办事便利性快速提升

一是"办事少填表格、少报材料、少跑窗口、快速办结"基本实现。 国家政务服务平台联合相关部门制定了 60 余条电子证照标准，在全国范围大力推广电子证照应用，扩大个人电子证照应用领域，有效解决跨地区跨部门协同难、办事繁的问题。截至 2022 年 6 月，国家政务服务平台汇聚共享各地区各部门电子证照近 900 种，提供身份认证核验服务 47 亿次。例如，河北省 290 种电子证照实现"免证办"，人民群众在河北政务服务网或各级政务服务实体大厅办理业务时，只需要使用"冀时办"App 电子亮证功能，扫码调用本人在省统一电子证照库中持有或被授权使用的电子证照，即可免于线上提交扫描件、线下核验原件和提交复印件等。

二是持续开展"减证便民"行动。 2018 年起，党中央、国务院深入开展"减证便民"行动，通过全面清理循环证明和重复证明等，加快部门信息共享、简化办事办证流程，人民群众办事时长明显缩短，行政服务成本有效节约。截至 2021 年年底，各级政府清理各类"证明事项"13000 多项。例如，广东省汕尾市率先创建"无证明城市"，健全告知承诺办理工作机制，制定并印发《汕尾市全面推行证明事项告知承诺制工作实施方案》，共取消各类证明材料 7619 个。

三是切实解决特殊人群服务困难。2020 年 11 月，为切实解决老年人在运用智能技术方面的困难，国务院办公厅印发《关于切实解决老年人运用智能技术困难的实施方案》，该方案要求解决老年人面临的"数字鸿沟"问题。2020 年 12 月，工业和信息化部印发《互联网应用适老化及无障碍改造专项行动方案》，首批推动八大类 115 家网站、六大类43 个 App 进行适老化及无障碍改造，涵盖日常浏览新闻、网上购物、社交通信等领域。江西省政务服务平台"赣服通"为解决老年人不会使用线上平台办事问题，特别推出"老年模式"，提供大字版本和语音服务功能。老年人出行所需的健康码——"赣通码"开通亲友代领取功能，有效解决了老年人"出行难""乘车难"问题。江西省政务服务平台"赣服通"推出"老年模式"如图 5.3 所示。

图 5.3 江西省政务服务平台"赣服通" 推出 "老年模式"

5.2.2 国务院：建设全国一体化政务服务平台[1]

国家政务服务平台于 2018 年 4 月启动建设，2019 年 5 月正式上线试运行。全国一体化在线政务服务平台由国家政务服务平台、国务院有关部门政务服务平台（业务办理系统）和各地区政务服务平台组成。其

1　部分资料来源于中国经济网《"一网通办"推进数字政府建设》。

中，国家政务服务平台是总枢纽，国务院有关部门和各地区政务服务平台则是具体办事服务平台。国家政务服务平台建设了统一政务服务门户、统一政务服务事项管理、统一身份认证、统一电子印章、统一电子证照等公共支撑系统和电子监察、服务评估、咨询投诉、用户体验监测等应用系统，构建了政务服务平台建设管理的标准规范体系、安全保障体系和运营管理体系，为国务院有关部门和各地区政务服务平台提供公共入口、公共通道和公共支撑。

国家政务服务平台构建了全国性在线政务服务权威网上身份认证体系，企业和群众办事实现了"一次登录，全网漫游"，实现了全国政务服务事项标准化和动态管理，搭建了连通各地区各部门政务数据共享枢纽，实现了全国电子证照跨地区跨部门互通互认，形成了覆盖全国政务服务在线评价反馈渠道和全国一体化政务服务网络安全管理体系。

随着以国家政务服务平台为总枢纽的全国一体化在线政务服务平台建设成效逐步显现，我国网上政务服务发展已由以信息服务为主的单向服务阶段，迈向以跨区域、跨部门、跨层级一体化政务服务为特征的整体服务阶段。截至2022年6月，国家政务服务平台作为总枢纽，连通了31个省（直辖市、自治区）及新疆生产建设兵团、46个国务院部门平台，打造了覆盖全国的在线政务服务"一张网"。平台实名注册用户超5.8亿人，构建了覆盖国家、省（直辖市、自治区）、市、县（区）多级的政务服务体系，总使用量超过620亿次，推动90.5%的省级行政许可事项实现网上受理和"最多跑一次"。接入各地区各部门500万余项政务服务事项和1万多项高频热点办事服务，累计接入各级政务部门5951个，汇聚地方部门电子证照近900种。

自2020年起，国家政务服务平台上线"跨省通办"服务专区，接入住房公积金异地转移接续、失业登记等近50项"跨省通办"高频事项和190多项在线办理服务。专区还接入京津冀、长三角、东北"三省

一区"等区域政务服务专区，设置省际跨省通办专区、地方跨省通办专区等服务。在公安方面，全国范围内已实现工作调动、大中专学生毕业、父母投靠子女等5项户口迁移和开具户籍类证明"跨省通办"，并在京津冀、长三角等地区开展异地新生儿入户、首次申领居民身份证"跨省通办"试点工作。截至2021年年底，全国共办理户口迁移"跨省通办"业务21万笔，办理开具户籍类证明"跨省通办"业务14万笔，办理异地新生儿入户业务1000余笔，办理首次申领居民身份证"跨省通办"业务1.2万笔，累计为群众节省往返费用约4亿元。

国务院有关部门政务服务平台统筹整合本部门业务办理系统，依托国家政务服务平台的公共支撑系统，统筹利用政务服务资源，办理本部门政务服务业务，通过国家政务服务平台与各地区和国务院有关部门政务服务平台互联互通、数据共享、业务协同，依托国家政务服务平台办理跨地区、跨部门、跨层级的政务服务业务。全国投资项目在线审批监管平台、公共资源交易平台、相关信用信息系统等专项领域国家重点信息系统与国家政务服务平台进行了对接。

各地区政务服务平台通过整合本地区各类办事服务平台，建成本地区各级互联互通、协同联动的政务服务平台，办理本地区政务服务业务，实现网上政务服务省（直辖市、自治区）、市（区）、镇（街道）、村（社区）全覆盖。31个省（直辖市、自治区）政务服务平台与国家政务服务平台互联互通，依托国家政务服务平台办理跨地区、跨部门、跨层级的政务服务业务。依托全国一体化平台，企业和群众可直接通达全国各地区各部门政务服务。

5.2.3　广东省：推进"掌上政府指尖办"[1]

广东省率先提出以机构改革为突破口，积极打造集约化整体型的数

1　部分资料来源于湛江市人民政府网《数字政府 | 广东省数字政府改革建设成果》。

字政府，并形成政务服务"指尖办"的广东模式。

2017 年 12 月，广东省人民政府发布《广东"数字政府"改革建设方案》，该方案提出"打造统一安全的政务云平台、数据资源整合和大数据平台、一体化网上政务服务平台，建成上接国家、下联市县、横向到边、纵向到底全覆盖的'数字政府'，以'制度创新 + 技术创新'推动'放管服'改革向纵深发展"。2018 年 11 月，广东省人民政府发布《广东省"数字政府"建设总体规划（2018—2020 年）》和《广东省"数字政府"建设总体规划（2018—2020 年）实施方案》，全面、清晰地描绘了广东省数字政府建设的蓝图。

2021 年 4 月，广东省人民政府印发《广东省国民经济和社会发展第十四个五年规划和 2035 年远景目标纲要》，提出要提升数字政府建设水平，优化政务服务"一网通办"，构建政府治理"一网统管"，打造政府运行"一网协同"，夯实数字政府基础支撑能力。

广东省以互联网思维打造一体化数字政府，以移动化建设思路推进"掌上政府指尖办"，并在全国首创"政企合作、管运分离"的政务信息化建设新模式。在全国省级政府网上政务服务能力指数评估中，广东省连续多年排名第一，在数字政府改革建设中实现领跑。为实现政务服务"一网通办"，广东省针对群众、商事主体办事的堵点、难点、痛点问题，率先推出全国首个政务服务小程序"粤省事"、全国首个涉企一站式移动服务平台"粤商通"、全国领先的联通政府各部门的协同办公平台"粤政易"等，形成"粤系列"这一聚合性数字政府平台。其中，"粤省事"主打民生服务，已覆盖广东省七成常住人口；"粤商通"主打涉企服务，覆盖广东省超过一半市场主体；"粤政易"主打政务应用，已基本覆盖广东省全体公职人员。广东省通过不断推进"粤系列"平台的深度融合，更加注重用户功能、服务和体验，促进线上、线下各类政府和社会服务渠道深度融合，使之成为提升社会治理能力、优化营商环境、改善民生的利器，不断提升企业和群众办事的便捷度和获得感，逐步形成具有广东特色的"一网通办"模式和应用场景，为广东省政务服务能力的提升打下了坚实的基础。

1. "粤省事"移动政务服务平台

2018年5月，"粤省事"移动政务服务平台正式上线，这是我国首个依托微信的移动政务服务平台。广东省"粤省事"App上线如图5.4所示。

图5.4　广东省　"粤省事"　App上线

新冠肺炎疫情防控期间，广东省依托"粤省事"快速上线"疫情防控服务专区"等近百项功能。2020年2月，"粤康码"上线，实现"一人一码""一码通行"。"粤康码"与"澳门健康码"实现互认，旅客在珠海和澳门口岸可快速扫码通关，各级疫情防控部门的工作人员也可以通过"粤政易"随时查看使用"粤康码"出入境的人次、人数、人员区域区分等信息，及时掌握出入境人流变化趋势，提前做好应急准备工作，数字政府的协同支持能力充分显现。截至2020年12月底，"粤康码"

累计用户超 1 亿人，亮码 20.5 亿次，日均亮码 634 万次。

为了更好地满足用户群体多样化的需求，2022 年 5 月 13 日，"粤省事"发布 App 版本。截至 2022 年 8 月，"粤省事"App 累计安装设备数达 1292.2 万台。"粤省事"App 上线后，与小程序并行，通过服务渠道和能力优势互补，原有"粤省事"小程序渠道侧重于提供轻量级民生服务应用，"粤省事"App 则更加多元，支持接入各级各类政务服务平台和政务服务应用，提供更全面的移动政务服务。"粤省事"App 创新推出"团体码"功能。用户只需要加入团体码，一次认证后管理员即可随时查看全体成员健康码、核酸、疫苗等最新信息。

此外，"粤省事"App 上线了"个人数字空间"，空间汇聚 94 种个人常用证照和 34 项常用数据，为个人数据授权使用探索出一条更稳定、更方便的实施路径。过去，群众授权政府部门或企业使用数据，往往采用签署书面协议、提供纸质材料等传统方式。现在，"个人数字空间"能够更方便地实现"个人授权、全程溯源"。登录后，用户通过出示"粤省事码"等形式，授权对方使用自己特定的数据。在此过程中，数据使用方、使用事由等信息将通过广东省政数局的"数据资产凭证"生成不易篡改的记录，全过程留痕、可溯源。

广东省依托"粤省事"平台推出"粤省事码"，支持群众快速亮码、扫码亮证、一键授权、一码办事。截至 2022 年 8 月，"粤省事码"已应用于政务服务大厅、酒店、图书馆、博物馆、医院等 36 个应用场景，累计领码超 6783.1 万人次，访问量超 3.61 亿次。

此外，为了更好地帮助广大老年用户使用"粤省事"，"粤省事"小程序精心设计了大字体、宽间距的界面，以及"刷脸"登录、电子证照一键出示、养老安老服务支持他人代办等功能。"粤省事"的"粤康码"服务还增设了为亲属添加健康码和保存离线"粤康码"功能，即使老年人不会使用手机，也可以方便出行。"粤省事"App 在小程序"尊老爱老服务专区"的基础上，进一步升级，首页可一键转换"关怀版"，便捷办理养老主题服务，一键拨打 12345 热线，语音搜索升级支持 24 种方言，让老年人等特殊群体办事更容易。

目前，"粤省事"平台已成为广东省数字政府民生政务服务的核心入口，提供了高频民生政务服务事项、我的证照、个人中心、常用服务、主题专区、热点服务，以及围绕服务事项提供的搜索、意见反馈等基础能力。在新冠肺炎疫情防控期间，"粤省事"平台还提供了包括"疫情防控服务专区""粤康码"、个人健康申报、网格采集、粤澳转码通关、粤港跨境货车司机入境申报等功能。"粤省事"平台强化了部门协同，优化了办理流程，实现了掌上联动办理，增强了用户黏性和服务的获得感，打造了服务形态更丰富的全省统一的移动民生服务平台，提升了群众对广东省数字政府的获得感。

截至 2022 年 8 月，"粤省事"平台累计实名注册用户数已实现超 1.74 亿，接入近 2500 项高频政务服务事项及 97 种个人电子证照，日均访问量 3 亿次，日均访问人数 3753 万，成为广东数字政府改革建设的一张名片，真正实现政务服务个性化、精准化和"一站式""指尖"办理，成为全国服务最全、用户最多、活跃度最高的省级移动政务服务平台。

2. 广东政务服务网

2018 年 9 月，广东政务服务网上线。经过近几年的建设，该系统逐步搭建完善门户的前端平台、后端支撑平台、外部系统、移动端四大内容，运营服务进入稳定发展。截至 2021 年 6 月，该平台涵盖省、市、县（区）、镇（街道）、村（社区）五级政务服务大厅的 228 万项政务服务事项，服务范围覆盖 21 个地市，5700 多个市、县（区）部门窗口，27000 多个镇（街道）、村（社区），多类涉企事项和涉民生事项可在该网站统一办理。

2022 年以来，广东政务服务网以企业和群众迫切需求为切入口，以"一件事一次办"为原则，拓展"一件事"主题集成服务，解决企业和群众"办事慢""办事难""多头跑""来回跑"等突出问题，围绕企业从设立到注销、个人从出生到身后的全生命周期，扎实推进政务服务事项集成化办理。截至 2022 年 8 月，广东政务服务网已上线 10954 个"一件事"主题集成服务，涵盖出生、学习、就业创业、企业开办、企业经营、企业注销等重点领域，其中可网办的项目超 1 万个，网办率超 94%。其中，广东政务服务网"企业开办一网通办""出生一件事""身后一件事"等已上线"粤省事""粤商通"，实现"指尖办"；提供场景式导办项目超 5500 个，导办率达 50%；实现办理材料免提交项目超 8500 个，免提交率超 78%，大大提高了企业和群众办事的便利度、满意度和获得感。

广东省还着力深化泛珠三角区域"跨省通办"合作，创新开展与港澳地区政务服务的"跨境通办"。2022 年 4 月，广东省人民政府印发《泛珠三角区域政务服务"跨省通办"工作协调机制》，加快打造全国区域性政务服务合作示范标杆。2022 年 7 月，广东省上线泛珠跨域通办服务专区，为泛珠内地九省区及港澳地区的企业和群众提供超 1000 项高频事项，涵盖异地就医、社保、结婚、生育、户口迁移、不动产抵押、企业准入准营等高频领域。泛珠跨域通办服务专区通过统一事项标准、统一平台支撑，突破性解决了跨省通办线下代收代办效率问题，实现线下代收代办和线上一网通办的深度融合，实现了泛珠通办的"一个总入口，一网全流程，一次全办完"。

2022 年 8 月，广东政务服务网发布上线"视频办"服务专区。作为全国首个省级政务服务平台"视频办"服务专区，其可为企业和群众提供办事咨询、网办辅导、业务受理全流程服务，创新性地将线下优质服务资源送到企业和群众身边，实现线上线下深度融合，带给企业和群众办事全新体验。广州、珠海、东莞、江门、肇庆、清远、云浮等 7 个试点地市上线的"视频办"服务超过 760 余项，涵盖企业经营、助老助残、疫情防控、社会保障、医疗卫生、房产公积金、公共服务等服务主题。

相较于传统的"网上办、指尖办"，或者以文字、语音为主的线上服务方式，"视频办"平台立足"泛在可及、数字普惠"，提供专业化咨询导办、手把手在线辅办、面对面专属快办和心连心创新暖办等一系列特色服务。一是平台配备专业客服人员在线进行视频辅导，同时支持语音、文字和图片等多种形式的双向互动，让咨询辅导服务体验更立体、更直接、更有效，实现先咨询后办理，不用跑冤枉路。二是平台支持计算机端、手机端等多终端实时交互，客服人员可以通过屏幕共享、文件传递、实时文字对话等功能，向办事人员演示线上办事流程，实现线上申报精准辅导，有效解决企业和群众线下心理依赖，网上操作不熟悉、不熟练的问题，无论身在何处，均可享受一对一线下窗口服务。三是基于"视频办"强大的后台管理能力，将线上事项与线下服务深度融合，科学匹配调度各类服务资源，推动群众申办端、前台受理端和后台审批端多方协同、高效并行。

"视频办"平台强化对重点投资项目、企业开办、工程建设项目审批、不动产登记、税务服务、对外贸易经营等高频涉营商环境优化类事项的支撑力度，集成电子证照、电子印章等基础能力，实现一键上传、后台比对、高效办理，客服人员可现场核验、远程收件，大幅减少企业经营者跑动成本和沟通成本。

依托"视频办"平台，基层还可以快速搭建直播宣传、执法监督、营商环境、网络问政、应急心理辅导、助老助残等新型服务互动载体，使现有"网上办"模式迭代出不依赖专用设备和场地。方便可及的"视频办"政务服务模式，有效打破了地域和时间对政务服务的限制。

3."粤智助"政府服务自助机

广东省"粤智助"政府服务自助机从 2019 年开始作为广东省的重要政务服务渠道之一,为广大基层群众提供便利、高效的政务服务。2021 年,为加快推进政务服务向基层延伸,补齐农村地区政务服务短板,构建泛在普惠的政务服务体系,广东省启动"粤智助"政府服务自助机全省行政村全覆盖专项行动,由广东省政数局牵头,集中建设统一的自助服务平台,并联合广东省农村信用社在广东省所有的行政村投放"粤智助"政府服务自助机。政府服务自助机主要部署在镇(街道)、村(社区)基层服务中心,用于办理采集人脸和指纹,打印回执、证照和证件等服务事项。该设备有效地弥补了线上服务不能办结、线下窗口经常排队的问题,并将数字政府的一体化行政服务能力向镇(街道)、村(社区)延伸,是实现基本公共服务均等化、普惠化、便捷化的利器,让基层群众特别是边远山区的群众不出村、就近办、身边办。"粤智助"主要面向基层群众,特别关注不会使用计算机和智能手机的老年人,实现群众办事"小事不出村、大事不出镇、办事不求人",是打通政务服务"最后一米"的重要平台。

广东省群众在使用"粤智助"政府服务自助机办理业务如图 5.5 所示。

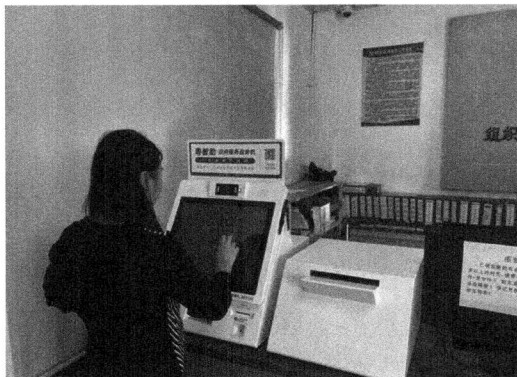

图 5.5 广东省群众在使用"粤智助"政府服务自助机办理业务

"粤智助"政府服务自助机可提供的特色便民服务包括以下内容。

（1）提供异地就医备案服务

对于跨地区就医报销业务，可在"粤智助"进行异地就医备案，经医保局审核通过后，群众即可到开通联网结算服务的医院刷医保卡看病，尤其为投靠子女的老年人及异地工作人员看病报销提供方便。

（2）城乡居民养老金资格认证

"粤智助"提供城乡居民养老金资格认证。老年人如果需要查询老龄补贴，则可以通过"粤智助"直接查询，不用前往银行网点打簿查询。

（3）提供农产品销售渠道，助力乡村振兴

为帮助解决农产品没有销售渠道、卖不出去、增产不增收等问题，"粤智助"对接了广东省农村信用社联合社"悦农生活·鲜特汇"电商平台。

（4）打印"粤康码"及核酸检测记录

在疫情防控期间，不少地市要求进出需出示健康码及核酸检测阴性证明，返校、考试、出入特定场所等日常生活场景有时也需要提供检测记录，群众可通过"粤智助"打印"粤康码"及核酸检测记录。截至2022年8月，"粤康码"打印量已突破72万次。

（5）电视机上办政务

"粤智助"还植入了广电网络电视机顶盒，频道内设政府服务查询、政府服务预约、生活百科、中小学教育、法律援助、远程医疗、普惠金融等栏目，通过电视大屏使政务服务向社区居家客厅和乡村家庭延伸，让农村孩子享受优质教育资源，使政务服务向社区居家客厅和乡村家庭延伸，真正实现政府服务到家。

截至2022年8月，"粤智助"政府服务自助机接入公安、司法、人社、医保、民政、税务、自然资源、农业农村等30多个部门的273个服务事项，重点保障社保卡信息查询、城乡居民养老金资格认证、免费打印身份证复印件、网上看病、打印"粤康码"、异地长期居住人员就医备案、农产品销售、存折查询和打印等典型服务；接入自助终端 4.18 万台，其中政府服务自助机 2.46 万余台，实现全省行政村全覆盖；服务群众总人数 1491 万人，总业务量 3762 万笔。

5.2.4　福建省：打造数字中国名片[1]

2000 年，习近平总书记在福建省任职期间，以超前思维和长远眼光在全国率先做出建设数字福建的战略决策，做出"要统筹，不要多头"的重要部署，强调"加快建立和完善各部门各行业的信息系统，鼓励发展各类公共数据库，依托网络，实现社会资源最大共享"，并明确提出"数字化、网络化、可视化、智能化"的建设目标，开启了福建省信息化建设的新篇章。多年来，福建省委省政府始终把数字福建建设作为一项重要工作，以"数字"驱动各方改革创新，以"数字"引领高质量发展，推动数字福建深刻融入经济、社会、文化、生态等各领域，为数字中国提供了生动丰富的"福建样本"，成为数字中国建设的思想源头和实践起点。

2003 年，福建省开始建设政务数据共享工程，2012 年建成全国最早的省级电子政务云平台，2015 年启动实施省级政务数据整合汇聚与共享应用工程，在全国率先实现所有省直部门政务数据统建共享、汇聚应用。

2018 年，首届"数字中国建设峰会"在福建省福州市召开，至 2022 年，"数字中国建设峰会"已成功举办了 5 届。如今，福建省已成为国家电子政务综合试点省、国家数字经济创新发展试验区、公共数据资源开发利用试点省，信息化综合指数、数字政府服务能力、数字经济发展水平均居全国前列，福建省数字政府建设也在此基础上得到了良好的发展。

1　部分资料来源于《福建时报》《数字赋能，在福建办事越来越方便》。

为了进一步提高各级各部门"掌上便民"服务能力，让企业和群众办事像"网购"一样方便，营造良好的营商环境，2017 年以来，福建省建设了政务服务 App 统一平台——"闽政通"App。"闽政通"App 整合全省政务服务资源，提供办事、互动和信息服务，推进"一号通认"和"一码通行"，实现政务服务从物理窗口、计算机端到移动端的转变，变"群众跑腿"为"掌上办事和信息跑路"，变"群众来回跑"为"部门协同办"，初步实现群众办事"马上就办""掌上办"。

值得一提的是，"闽政通"App 创造了全国多个第一："闽政通"App 创新政务信息系统共享模式，打破部省信息共享壁垒，在全国率先接入公安部"交管 12123"App；"闽政通"App 是全国首个同时与蚂蚁金服集团、腾讯公司签订战略合作协议的省级政务服务平台，"闽政通"支付宝和微信小程序先后上线运行。同时，福建省率先建设省级统一身份认证平台——福建省社会用户实名认证和授权平台，完成与福建政务服务网、福建公安公众服务网、"掌上住建"App、"闽税通"App 和"e 龙岩"App 等政务平台用户体系交叉互认，实现用户信息的平台间共享、"一号通认"。

2020 年 2 月，福建省依托"闽政通"App，快速研发上线全国首个省级健康码——"八闽健康码"，在全国率先实现国家相关疫情数据库和省级基础数据库信息的融合应用。在现有"八闽健康码"的基础上，福建省不断优化提升应用范围，拓展了就医、购药等医疗健康领域的应用，努力实现"一部手机全省就医"。在"八闽健康码"的带动下，"闽政通"App 注册用户数突破 3400 万，累计服务完成次数超 5 亿，成为国内用户活跃度、便民应用使用率均排在前列的省级移动政务服务平台。截至 2021 年 12 月，"闽政通"App 已整合福建省便民服务事项 25 类超 1300 项，全面推进"一号通认"和"一码通行"；开通上线全国首个基于信创环境的省级移动办公统一平台——"闽政通办公"App，实现全省办公纵横互通，无缝协同。福建省政务服务事项全程网办比例高达80.38%，比2020年同期提升35.86个百分点，实现90.29%事项"一趟不用跑"。

5.2.5 上海市："一网通办"改革[1]

2018年，上海市政府率先在全国提出实施"一网通办"改革，基于原有网上政务大厅构建了政务服务领域"一网通办"平台体系，按照"整体政府"理念建设统一受理平台，采用"受办分离"的方式实现全市各级各部门政务服务事项的统一受理，真正实现了"进一网，能通办"。作为上海市首创的政务服务品牌，"一网通办"不仅成为上海市建设数字政府、深化"放管服"改革、打造服务型政府的重要举措，更是优化营商环境、提升城市能级和核心竞争力的重要举措。

根据服务对象和服务事项的不同，上海市"一网通办"提供个人办事、法人办事、部门办事、办事热点共4个事项的服务，并且提供了市民主页和企业专属网页，实现"一人一档、一企一档"的个性化服务。在完善线上服务的同时，上海市政府积极改革线下服务，在徐家汇行政服务中心开设了24小时自助服务大厅，全天候提供政务服务。另外，上海市积极推动计算机端和移动端数据的融合和服务平台的集成，通过施行统一认证方式打通了计算机端（"随申办"）和移动端（"一网通办"）的用户体系，使两个平台用户数据互联互通，减少了用户注册、登记等烦琐手续。

2020年，上海市"一网通办"改革工作入选联合国全球电子政务调查报告经典案例。截至2021年5月，"一网通办"平台已接入事项达3166项，累计实名注册个人用户数达5049万，企业用户数达222万。

---

1 部分资料来源于上海市人民政府网《上海市"一网通办"改革取得显著成效 在全国省级政府一体化政务服务能力评估中位列第一》。

2020 年，"一网通办"平台日均访问人次达 1259.8 万，其中，日均办事 17.3 万件。实行"两个免于提交"，即本市政府部门核发的材料，原则上一律免于提交；能够提供电子证照的，原则上一律免于提交实体证照。推动高效办成一件事，对"一件事"的申请条件、申报方式、受理模式、审核程序、发证方式、管理架构等进行整体性再造，平均减环节 69%、减时间 54%、减材料 75%、减跑动 71%。推进主动精准服务，市民主页和企业专属网页累计访问超 69.2 亿次，主动精准推送居住证办理、税收优惠、疫情防控等政策服务 2.07 亿次。实现政府的绩效由企业和群众来评价，将"好差评"制度作为"一网通办"往深里走的制度安排，真正把政务服务"好与差"的评价权交给企业和群众，政务服务"好差评"的好评率达 99.96%。

其中，上海市浦东新区还率先开展了"一业一证"改革试点，建立行业综合许可制度，实现"一帽牵头、一键导航、一单告知、一表申请、一标核准、一证准营"，深入推进政务服务"一网通办"，持续提升政务服务水平，打造市场主体办事"网购级体验"，以"双告知、双反馈、双跟踪、双随机、双评估、双公示"为核心，配套建立职责明确、分工协作、多元共治的行业综合监管制度，有效防范行业重大风险。实施"一业一证"改革后，审批部门实行"一次告知、一窗受理"，线上设置"一业一证"专栏、线下开通"一业一证"专窗，让企业实现"只跑一次、只填一表、一次办成"。改革后申请人需要申报的材料从 34 份缩减到 6 份，申请表单减少三分之二，为在全国范围持续深化"证照分离"改革、克服"准入不准营"现象积累了可复制、可推广的经验。

第 3 节　全域治理"一网统管"新格局

目前，全国很多省市启动了"一网统管"建设，通过跨部门、跨区域、跨层级的有效协同，形成政府为企业和群众提供公共管理和服务的新格局。

5.3.1　广东省："粤治慧"平台推动省域治理"一网统管"

2021年年初，广东省人民政府印发《广东省数字政府省域治理"一网统管"三年行动计划》，明确广东省将依托全省一体化数字政府基础底座，围绕经济调节、市场监管、社会管理、公共服务和生态环境保护五大职能，构建横向到边、纵向到底、全闭环的数字化治理模式，促进信息技术与政府治理深度融合，目标到2023年，构建全省纵横联动、五级协同的"一网统管"工作体系，建成技术先进、数据赋能、灵活开放、安全可靠的"1+3+5+N"架构，实现省域范围"一网感知态势、一网纵观全局、一网决策指挥、一网协同共治"。广东省省域治理"一网统管""1+3+5+N"架构中，"1"是指全省一体化的数字政府基础底座，即政务云、政务网、大数据中心等。"3"是指省、市、县（区）三级"一网统管"基础平台，包括省级基础平台和市、县（区）两级基础平台。"一网统管"基础平台指"粤治慧"平台，通过"全省一盘棋"和省、市、县（区）三级部署，依托应用、数据、AI支撑能力，通过综合态势中心实现指标态势、监测预警，触达统一指挥调度、协同联动、监督管理的全闭环态势感知、研判，助力一网统管的"可感、可视、可控、可治"治理体系。"5"是指围绕省、市、县（区）、镇（街道）、村（社区）各级政府的治理场景和需求，建立五级用户体系。"N"是指根据各级用户需求建设各类特色应用专题。"一网统管"一期项目共规划了27个特色应用专题，其中八大专题于2021年12月上线，包括水利专题、经济运行专题、消防救援专题、政务服务专题、生态环境专题、住房专题、自然资源专题、应急指挥专题。各应用专题的建设均按照"状态监测、综合呈现、下钻探究、原因分析、处理跟踪、成效对比"的业务逻辑，实现业务全流程管控，支撑决策人员快速了解全貌，及时监控重点指标，清晰了解责任主体。在建设路径上，各专题均需坚持业务为导向原则，围绕业务需求，按照"明确场景、梳理指标、分析需求、治理数据、构建模型、融合分析"的路径开展专题应用的建设实施，并同步明确相关方的责任。广东省域治理"一网统管"示意如图 5.6 所示。

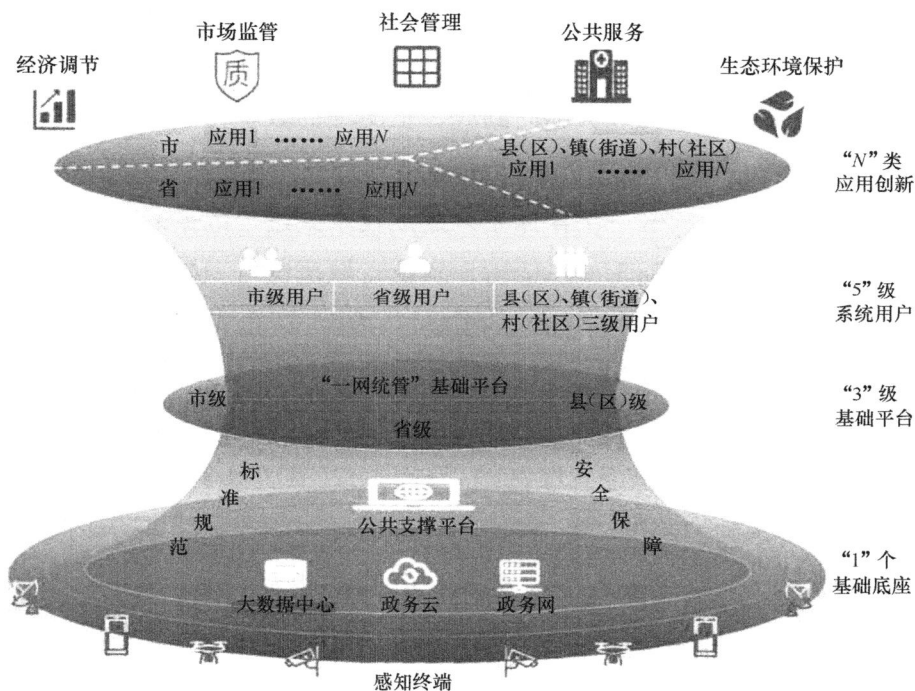

图 5.6　广东省域治理 "一网统管" 示意

广东省通过"粤治慧"一网统管基础平台的集约化建设，实现各类治理要素"可感、可视、可控、可治"，建立数据赋能、纵横联动、五级协同的治理模式，连通各应用专题和各地城市运行管理平台，加强大屏、中屏、小屏联动，实现对全省、全市的整体状态即时感知、全局分析和智能预警，提供统一的资源调度、指挥联动、监督管理能力，形成全闭环工作体系，提升治理科学化、精细化、智能化水平。

"粤治慧"一网统管基础平台向各部门各地区提供政务开放能力、应用开发框架及标准化资源，支持协同开发，降低各地各行业系统建设成本，提升政务应用开发基础支撑能力和创新能力，同时，推动数字政府建设均衡发展，缩小"数字鸿沟"。"粤治慧"一网统管基础平台进一步优化集约共享的一体化政务云、政务网络、政务服务平台、政务大数据中心等数字政府基础设施支撑能力，实现数据资源向各地回流，赋能基层治理创新，推动数字政府建设的全面均衡发展。

5.3.2　上海市："一网统管"推进超大城市精细化管理 [1]

上海市在探索推进超大城市精细化管理中总结经验，针对城市运行中机制不灵敏、处置不迅速、线上线下协同效率不高的问题，率先提出"一网统管"的愿景目标，着眼于高效处置一件事，整合各部门业务系统，实现数据实时更新、互联互通、智能对比，为及时精准发现问题、对接需求、研判形势、预防风险和有效处置问题提供支撑。

2018 年，上海市浦东新区率先建设了"城市大脑"，面对超大城市治理这道难题，开启了上海智慧政府建设探索。浦东新区"城市大脑"以城运中心（城市运行综合管理中心）为载体，以"感知泛在、研判多维、精准推送、处置高效"为指导，创新性地打造了组织明确、智能发现、闭环管理的治理新模式，全面覆盖 36 个街镇的日常管理、专项管理、应急管理三大场景，通过智能化分析生活垃圾处理、工地不文明施工、空气污染、噪声扰民等 50 多个场景产生的综合数据，可迅速识别问题症结，并协调相关职能部门回应和督办，实现基于人工智能的城市管理事件自主发现占比达 71%，大幅提升城市管理工作效率。

2019 年年初，上海市提出了"一屏观全域、一网管全城"的建设愿景，

1　部分资料来源于人民网上海频道《上海"一网统管"亮相数字中国建设峰会讲述"数字治理"上海样本》。

在全市层面谋划了城市运行"一网统管"的雏形。2020 年 4 月，上海市委常委会审议通过了《上海市城市运行"一网统管"建设三年行动计划》，提出成立城市运行管理中心，并将其作为"一网统管"指挥决策及重大突发事件指挥调度的总平台。上海市各区构建"一网统管"综合管理分平台，全面推进"城市运行一网统管"建设工作。明确未来三年（2020—2022 年）"一网统管"建设将依托市、区两级大数据资源平台，推动"一网统管"业务数据、视频数据、物联数据及地图数据的集中统一管理，实现"治理要素一张图、互联互通一张网、数据汇聚一个湖、'城市大脑'一朵云、城运系统一平台、移动应用一门户"，开始在全市进行"一网统管"1.0 版的探索。2020 年 10 月，上海市"一网统管"市域物联网运营中心成立，作为上海市城运中心的重要组成部分和全国首家市域物联网运营中心，其搭建的城市级物联网安全开放平台已经具备开放式终端接入能力、轻量时序数据治理能力、标准规范制定能力、物联网开放平台安全能力、联合产业链构建生态联盟能力、自动化运维管理能力、统一开放服务能力七大能力，为上海市 16 个区及水务、消防等委办局，提供了 100 余个应用场景的物联数据与智能化服务解决方案，与 50 余个龙头企业形成了开放共赢的生态伙伴关系。截至 2021 年 3 月底，上海市"一网统管"市域物联网运营中心共计汇入 360 类感知终端、51 万个物联感知设备，日均数据增量 840 万条。

示例—上海市浦东新区城市运行综合管理中心的智慧大屏如图 5.7 所示。

2021 年，上海"一网统管"系统 2.0 版上线并投入实战。上海始终坚持城市治理全生命周期理念，观、管、防一体化推进"一网统管"建设，从气象保障、防汛防台风的安全大事，到电力保障、水管抢修的民生要事，再到智慧养老、精准救助的日常琐事全部纳入"一网统管"。截至 2021 年 4 月，市级"一网统管"平台已汇集 50 多个部门的 185 个系统、近千个应用，初步形成贯通市、县（区）、镇（街道）三级，覆盖经济治理、社会治理、城市治理的城市工作体系。

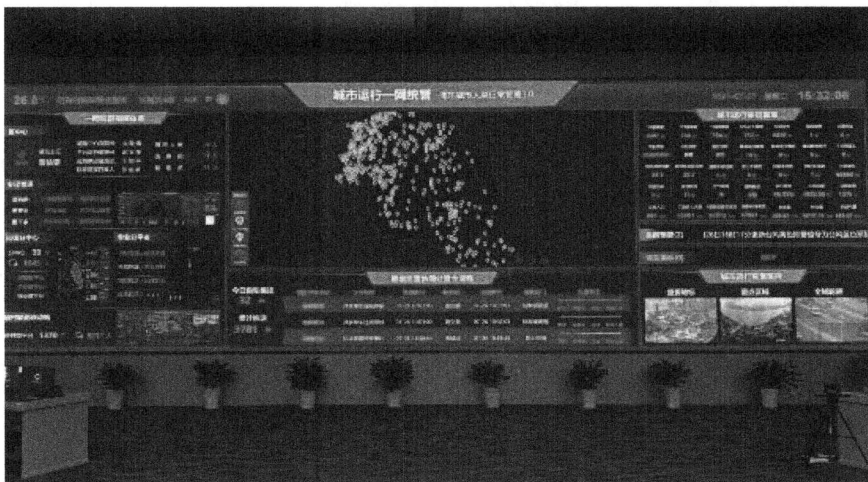

图 5.7　示例—上海市浦东新区城市运行综合管理中心的智慧大屏

2021 年 8 月，上海市印发的《城市管理精细化"十四五"规划》提出，到 2025 年建成以"一网统管"为标志、具有一定国际影响力的超大城市精细化管理中国典范。2022 年 5 月，上海市人民代表大会常务委员会通过《关于进一步促进和保障城市运行"一网统管"建设的决定》，提出以"一屏观天下、一网管全城"为目标，市、县（区）和镇（街道）三级成立城市运行管理机构，建立市、县（区）、镇（街道）、网格化区域、社区和楼宇五级应用体系，实现数字化呈现、智能化管理、智慧化预防，聚焦高效处置一件事，做到早发现、早预警、早研判、早处置，不断提升城市治理效能。

5.3.3　汕尾市："民情地图"推进基层社会治理创新[1]

近年来，广东省汕尾市创新和加强社会治理，建设"民情地图"基

1　部分资料来源于人民周刊网《省委书记在党代会报告中点赞的"汕尾经验"是什么？——广东省汕尾市多措并举改善基层社会治理记事》。

层治理信息化平台，重构横向为镇（街道）、村（社区）、小组三级治理架构、纵向为"大数据＋网格化＋群众路线"运行机制的"田字形"基层治理体系。2020年，汕尾市启动"民情地图"系统建设，汇聚了公安、政法、自然资源等23个党政机关单位共237类数据，初步建成了"人、事、地、物、组织"的汕尾民情数据库。除了精心打造坚实的"数据底座"，汕尾市在全市划分了大网格56个、中网格864个、小网格4509个，组建了一支网格员数量达9311人的庞大队伍。网格员在巡查走访时一旦发现异常情况，能处置的就地处置，需要相关职能部门处置的则上报至"民情地图"平台，由联勤指挥中心分拨指令交由职能部门限时处置，形成"上报事件、流转处置、结果反馈、持续跟踪"的闭环，及时、精准、高效地推进安全隐患排查整治和矛盾纠纷排查化解。汕尾市城区凤山街道"民情地图"联勤指挥中心如图5.8所示。

图5.8 汕尾市城区凤山街道 "民情地图" 联勤指挥中心

汕尾市探索形成"田字形"基层社会治理体系，涵盖镇（街道）、村（社区）、小组三级基层组织，和"大数据＋网格化＋群众路线"三层治理资源纵横交织，做到"小事不出村、大事不出镇、矛盾不上交"。

汕尾市还全面推动 8000 多名机关干部"返乡走亲"，利用节假日到基层走访，协助解决各类问题 3.6 万个；推动 800 多名镇街干部"驻村连心""与群众坐在同一条板凳上"；推动 5000 多名村社干部"入网知心"，下沉到网格，实现"走村不漏户、户户见干部"；推动 5 万多名基层党员"联户交心"，为群众排忧解难。

汕尾市梳理市、县（区）、镇（街道）三级在社会治理中的权责关系，构建市级统筹主导、县（区）级组织实施、镇（街道）抓好基层基础的工作格局，重构横向镇（街道）、村（社区）、小组三级基层治理架构的同时，率先打造市、县（区）、镇（街道）三级社会治理中心，并正式挂牌实体化运作，构建起运转有序、高效顺畅、责任明晰的市、县（区）、镇（街道）、村（社区）、小组五级治理架构。

市级重抓统筹，注重发挥市域前线指挥部功能，强化综合协调、标准制定、督导考核、指挥调度、态势分析和辅助决策等职能，最大限度整合资源、集合要素、集中力量，提高部门间多跨协调联动效率，推动市域社会治理向智治和高效转变。分析研判社会矛盾风险和矛盾纠纷态势，构建数字化辅助决策指挥机制，提出参考意见和措施，为智能分析、科学研判、预测预警和风险防控提供支撑，为领导提供决策依据，督促推动在县（区）范围内预防化解重大矛盾纠纷。

县（区）级着重指导，开展信访、矛盾纠纷排查、调处和重大事项社会稳定风险评估工作，结合本地实际，整合各类职能部门的资源和力量，作为对外服务的窗口，突出"一站式"服务群众，全链条地解决各类诉求、化解各类风险；做好"民情地图"联勤指挥中心平台及实体大厅的运营维护；指导和督促镇级社会治理中心、"民情地图"联勤指挥中心开展工作。分析研判社会风险隐患和矛盾纠纷态势，提出参考意见和措施，督促推动在县（区）范围内预防化解重大矛盾纠纷；深化拓展网格化服务管理工作，做好网格事件收集、上报、信息研判、

任务派遣、任务处理、处理反馈、检查结案、考核评价等工作。

镇（街道）级注重实战，整合信访、司法等平台资源力量，作为对外服务的一个窗口，突出"一站式"服务群众，全链条地解决各类诉求、化解各类风险；受理群众来访来信，负责矛盾纠纷调处化解、社会治理事件协调处置和指挥调度，社会风险研判和决策等服务工作；分析研判辖区内社会矛盾纠纷变动态势，推动在镇域范围内预防化解重大矛盾纠纷。做好"民情地图"联勤指挥中心平台及实体大厅的运营维护；做好网格化服务管理工作，做好辖区内网格事件收集、上报、信息研判、任务派遣、处理反馈、检查结案、考核评价工作，做好专（兼）职网格员业务培训工作；督导督办村（社区）、网格员开展业务工作，并落实相关奖惩考核机制。

村（社区）、小组两级负责落实，按照有利于资源统筹、有利于职能综合、有利于工作开展的要求，结合网格建设情况，依托现有的村（社区）党群服务中心，负责对接社会治理工作任务。小组以中小网格为单位，负责具体的网格化终端管理工作，对接社会治理工作各项任务。

汕尾市还以"民情地图"为切口，将数字化转型和改革思维延伸至政务服务和营商环境优化等领域，率先在广东省创建"无证明城市"，直接取消或替代证明材料7619种，实现552项涉企事项相关材料免提交、免办证，打造一体化监管平台，将全市政务服务事项纳入在线监管。

汕尾市不断推动人往基层走、钱往基层投、资源往基层倾斜，切实推动汕尾市各级社会治理中心实体化、系统化、高效化运作，加快构建运转有序、高效顺畅、责任明晰的市、县（区）、镇（街道）、村（社区）、小组五级治理架构，真正把治理触角延伸到基层，将矛盾问题化解在一线，构建具有汕尾市特色的基层社会治理新格局，探索打造党建引领基层治理的"汕尾样板"。

第4节 政府运行"一网协同"新模式

当前，全国在重塑政府组织内部业务流程，实现政府运行"一网协同"方面做出许多创新实践。广东省的"粤政易"、浙江省的"浙政钉"、北京市的"区块链＋政务服务"具有一定代表性和创新性。

5.4.1 广东省"粤政易"平台构建政务在线协同新格局

2020年，广东省提出"粤政务、易起来"的理念，上线"粤政易"平台，推进以移动办公平台、电子公文交换系统、业务OA系统为核心的协同办公建设工作，实现政务业务随时随地沟通协作，做到"掌上政府指尖办，政务协同易办理"。

"粤政易"供广东省内各级政务工作人员处理公文、信息、事务。围绕日常办公需求，"粤政易"为广东省公务员打造集即时通信、通讯录、工作台、个人信息4个板块为一体的移动办公平台，统建了"粤视会""会议管理""批示速递""广东网院""粤政头条"等20项政务应用，借助移动办公、信息共享、审批协同三大抓手，提升工作效率，减轻基层负担。

作为广东省数字政府改革建设的重要成果之一，"粤政易"平台是广东省推进"一网协同"的重要抓手。政务工作人员可以基于"粤政易"处理公文和事务，上级指令和文件精神可以快速传达到基层贯彻落实，在建立全省统一的安全移动办公和沟通协作方面发挥了重要作用。通过全面推广应用和持续建设完善"粤政易"平台，实现架构、业务和地域的横向联通、纵向覆盖，构建起全省政务工作人员在线办公和沟通协同的工作格局。政府工作人员可以摆脱时间和空间的束缚，应用扁平、透明、移动、智能的办公方式，实现"掌上政府指尖办"，为提高政务业务协同效率，降低行政运行成本，深化"转职能、转方式、转作风"提供强力的支撑。

截至 2022 年 8 月，"粤政易"平台开通用户超 241.6 万人，日均活跃人数超 160 万人次，日均发送消息超过 1200 万条，已接入各部门业务系统以及业务应用 1100 多项。

"粤政易"平台如图 5.9 所示。

图 5.9　"粤政易"平台

5.4.2　浙江省"浙政钉"平台支撑掌上协同办公 [1]

"浙政钉"是"掌上浙江·掌上办公"的承载平台，是浙江省政府数字化转型的沟通协同平台。2017 年，杭州市、衢州市等地开始试用钉钉系统，先行在政务移动办公、"全民网格"共管等领域试用，发挥钉钉即时通信、消息提醒、协同办公等基础服务作用。

2018 年，浙江省、市、县（区）政府领导分别建立工作群，开展协同应用，这标志着"浙政钉"正式上线运行。2019 年，"浙政钉"用户数达到 123 万，"浙政钉"不断优化基础支撑功能，建设千人千面移动工

1　部分资料来源于浙江政务服务网浙里督《浙政钉——掌上办公平台》。

作门户和应用管理平台，统一权限和用户管理，进一步提升了用户体验。

2020年，"浙政钉"覆盖浙江省超过11个地市，日活跃用户数量超过80万，日均消息超过180万条，上线移动应用超过988个。2021年4月6日，浙江省开始全面启用"浙政钉"2.0平台。"浙政钉"2.0平台强化了政务特色的通讯录和个性化定制的工作台等功能，强化了统一用户体系、视联网等协同体系，提升了数据专有化存储、算法加密等安全保障措施，提升了政务专有化的服务团队运维能力和统一建设管理保障能力。

"浙政钉"2.0平台基于浙江省政务通讯录，实现通信从层级化向扁平化转变，沟通由点对点向工作群多点对多点转变，在权限范围内快速找组织、找人，极大地提升了政务沟通协作效率，省级的任务下发和反馈由以往的几天级迅速压缩为分钟级，效率提高近百倍。将各地各部门之间的业务流、数据流、审批流汇聚到"浙政钉"，完成了从省到村（社区）、小组的六级纵向大联动，实现全省各级党政机关、人民团体、企事业单位、基层组织的业务协同，消除"信息孤岛"，实现了随时、随地、全天候的移动办公、掌上办公，打破了时间、地域限制，极大地提高了办公效率。

"浙政钉"2.0平台如图5.10所示。

图5.10　"浙政钉"2.0平台

5.4.3 北京市"区块链 + 政务服务"推进业务协同 [1]

北京市积极开展了区块链融合应用探索，大力推进"区块链 + 政务服务"模式，围绕政务服务场景主题，以破解政务服务领域的关键问题、核心瓶颈、痛点堵点作为"抓手"与切入点，多种举措推进政务服务领域区块链应用。2020 年 2 月，北京市印发《北京市政务服务领域区块链应用行动计划（2020 年）》，多个部门在全市 4 个试点区大力推进政务服务领域区块链应用建设；2020 年 7 月，北京市发布《北京市政务服务领域区块链应用创新蓝皮书》。

北京市政府主导成立了"长安链"生态联盟，指导相关企事业单位共同打造了自主可控、开放共享、技术领先的区块链底层技术平台"长安链"。"长安链"持续推进北京市政务服务领域的应用，15 类国家级数据、22 类市级数据、6 类区级数据已实现"链"上应用。北京市海淀区作为国家区块链创新应用试点，有 1891 个政府服务事项实现全程网办。北京市公安局、市税务局、市民政局、市规划和自然资源委员会、怀柔区政府等单位加入海淀区政务服务区块链联盟，累计实现 605 个政务服务应用场景落地，平均减少办事人提交材料 40% 以上。海淀区基于"长安链"实现全区信息化系统的目录索引，打破部门间的数据壁垒，推进部门间信息共享，已实现身份证、户口簿、营业执照等 44 类数据链上核验，应用区块链、人脸识别、自助取件等线上线下融合措施，实现"7×24"小时政务服务"不打烊"。海淀区在"海淀通"App 开设"区块链专区"，群众可直接办理公租房补贴、海淀区高新技能人才培训补贴审批等常用政府服务事项。

北京市发挥区块链数据可信安全共享、业务高效协同的技术支撑作用，持续深化政务服务"一网通办、全程网办"。在创新探索过程

1　部分资料来源于北京市人民政府网《长安链"链"起北京多个政务服务事项》。

中，北京市根据区块链技术在场景应用中发挥作用和解决问题的侧重点不同，将政务服务领域区块链应用分为"数据共享交换""业务协同办理""电子存证存照"3类。

"数据共享交换"是基础性应用，通过区块链实现单一事项跨多个系统的数据共享交换，进一步提高事项审核效率。例如，为解决空港国际物流传统模式中参与通关物流流程的企业部门间的数据难以整合、协同难度大、耗时长、流程协同低效等问题，北京市推出了北京空港国际物流区块链服务平台，将海关、商务、税务、园区、货站等单位的数据上"链"共享，提高外贸通关效率。该平台自2020年3月上线后的两个月内，上"链"各类通关物流数据共计300余万条，有121家企业先后使用区块链系统查询验证各项功能近7800次。

业务协同办理以数据共享交换为基础，业务应用上按照主题事项标准，通过区块链实现多个事项按"主题"的"串联"与"并联"，提高主题事项的全流程办理效率，是数据共享交换的"升级版"应用。截至2020年6月，北京市已完成落地140个"区块链+政务服务"应用场景，平均减少材料使用40%，打通了传统数据共享模式较难打通的310余项数据，不少场景跑动次数从五六次减少到"最多跑一次"。

"电子存证存照"则以数据共享交换为基础，将电子证照这一具有特殊法律意义和业务价值的数据上链存证，以"证"和"照"作为数据共享交换的表现形式，提升证照及相关公文的可信性和验证效率。通过高频电子证照"上链"，涉企类253个事项、个人类65个事项不需要携带纸质证件即可办理，全年可精简办事材料10万份；北京市在全国率先建立基于区块链的不动产登记系统，截至2021年1月底，采用区块链技术办理不动产登记相关业务约71万件；建设财税领域区块链统一票据平台，先期在医疗、捐赠等领域试点应用区块链财政电子票据。

第 5 节　数据价值"一网共享"新机制

近年来，我国从中央到地方的数字政府改革建设工作十分重视数据资源的管理和利用，围绕释放数据资源价值开展了大量有益探索和尝试。

2021 年 2 月，国务院办公厅印发《关于建立健全政务数据共享协调机制加快推进数据有序共享的意见》，从协调机制、技术支撑、共享管理、安全保障、法律法规和标准规范、保障措施等方面对政务数据共享工作提出了明确要求。此外，广东省、武汉市等多个省市制定了公共数据管理办法，明确了政府在数据采集、共享、应用、开放、开发利用等方面的权利与义务，建成了一大批一体化的政务大数据中心和数据交换、共享、开放平台，初步实现了政务数据的汇聚、存储和政府内部的共享共用，这些数据和平台在新冠肺炎疫情防控中发挥了重大作用。

在社会层面，电信运营商、互联网企业等掌握大量数据的企业也一直在利用自身掌握的用户数据开展广告推送、商品业务推荐等业务。政务数据与商业数据的整合，可挖掘新的经济增长点，实现数据资源的二次开发利用，推动社会变革和全面数字化发展。

5.5.1　广东省开展数据要素市场化配置改革

广东省基于其在数据资源汇聚方面已有的基础和优势，积极推进数据要素市场化配置改革工作，提出"全省一盘棋"统筹数据要素配置，围绕数据集聚、运营和交易等环节，推动数据新型基础设施、数据运营机构、数据交易场所三大枢纽建设，打通供需渠道，使数据要素资源跨界共享利用。

1. 完善数据要素市场化相关体制机制

2021 年 7 月，广东省人民政府印发《广东省数据要素市场化配置改革行动方案》，提出要加快推进数据要素市场化配置改革，提高数据要素市场配置效率，建设"全省一盘棋"数据要素市场体系。

2021 年 10 月，《广东省公共数据管理办法》公布，在国内首次明确将公共服务供给方数据纳入公共数据范畴、首次在省级立法层面真正落实"一数一源"、首次明确数据交易标的，进一步规范了公共数据共享、开放和利用相关法律制度，有利于释放公共数据价值，助力提升政府治理能力和公共服务水平。

2．夯实数据要素市场化配置改革基础

广东省构建了政务数据资源管理体系，对全省政务信息系统、政务数据资源和数据需求进行统一编码管理，形成全省统一的政务大数据中心和数据资源库，包括自然人基础信息库、法人单位基础信息库、社会信用基础信息库、电子证照基础信息库、空间地理基础信息库、一网统管专题库、疫情防控主题库、协同办税专题库、政务服务网办件专题库、互联网＋监管专题库等数据库，累计梳理发布数据资源 4.8 万类，提供了超过 150 亿次数据服务调用。

3．开展省市一体化"一网共享"平台建设

截至 2022 年 8 月底，广东省完成省市一体化"一网共享"平台建设，包括一个省级节点和 21 个地市分节点布局，实现门户统一、目录统一、需求统一、数据统一、服务统一，完成对公共数据资源的统一管理。统筹建设省视频和感知数据共享管理平台，实现全省视频图像、感知数据资源及证照数据汇聚。累计发布数据资源目录 4.16 万个，支撑 1630 个部门、1219 个系统使用数据的需求，数据调用达 627 亿次。"开放广东"平台向社会开放 2.55 万个公共数据集和 220 余个数据服务接口，涵盖生态环境、经济建设、教育科技、道路交通等 12 个主题领域。

4．率先开展数据资产凭证化工作

广东省还探索数据订单化、标准化、凭证化应用，实现了数据流通和加工处理全过程可存证、可监督、可回溯，前瞻创新地提出了"以凭证承载资产、以凭证声明权益、以凭证治理数据、以凭证保障合规"的数据资产凭证解决方案。2021 年 10 月，广东省发布全国首张应用在企业信贷场景的公共数据资产凭证，作为数据要素流通载体，支持企业使用用电数据来申请融资贷款。广东省还搭建数据资产管理运营平台，形成登记凭证、授权凭证、流通凭证等组成的数据资产凭证体系。截至 2022 年 8 月底，公共数据资产凭证已在公共交通服务、跨境信贷、企业港澳商务签注备案审批、气象灾害财产保险、环境保护税征管和个人信贷等场景中试点应用，累计签发资产凭证 2.23 万张。

广东省发布全国首张公共数据资产凭证如图 5.11 所示。

图 5.11　广东省发布全国首张公共数据资产凭证

5．率先建立首席数据官制度

2021 年 5 月，广东省人民政府办公厅印发《广东省首席数据官制度试点工作方案》，选取了广东省公安厅、人力资源社会保障厅、自然资源厅、生态环境厅、医疗保障局、地方金融监管局 6 个省直部门和广州、深圳、珠海、佛山、韶关、河源、中山、江门、茂名、肇庆 10 个地市，试点地市各选取不少于 3 个县（区）、5 个市级部门分级开展首席数据官制度试点工作。首席数据官的职责包括统筹数据管理和融合创新，推进公共数据共享开放和开发利用；领导本行政区域内数据工作，对信息化建设及数据发展和保护工作中的重大事项进行决策，协调解决相关重大问题；组织制定数据治理工作的中长期发展规划及相关制度规范，推动公共数据与社会数据深度融合和应用场景创新等。

6. 成立广州数据交易所[1]

2022年9月30日，广东省级数据交易机构——广州数据交易所正式成立。广东省采用"一所多基地多平台"体系进行数据要素市场化配置改革，其中"一所"为广州数据交易所，是广东省数据要素二级市场的核心枢纽；"多基地"为区域性数据交易基地；"多平台"为围绕数据交易服务、数据资产管理及增值、数据应用服务、金融工具及衍生、数据创业企业孵化等业务打造的系列平台。广州数据交易所成立当日申请挂牌的交易标的超300个，进场交易标的超200个，涉及金融、交通、建筑、信息等多个行业，达成交易额累计超1.55亿元。

为解决数据供给难、确权难、定价难、入场难、监管难、安全难等关键共性难题，广州数据交易所坚持"无场景不登记、无登记不交易、无合规不上架"的原则，在数据交易模式、交易主体、交易标的、交易生态、交易安全和应用场景等方面开展了一系列创新。广州数据交易所在全国首创数据流通交易全周期服务，围绕数据开放、共享、交换、交易、应用、安全、监管等数据要素全周期，采用市场化运作方式，为市场主体提供合规安全、集约高效的数据流通交易综合性服务，包含数据资产登记、交易清结算、信息披露、数据保险、数据托管、人才培训等内容。

围绕广东省开展的数据要素市场化配置改革工作中数据互信、确权、定价、安全和监管五大难点问题，佛山市顺德区探索出一条"政府主导

---

1 部分资料来源于央广网《广州数据交易所成立，首日交易1.55亿元》。

规则，各方形成合力，共同从数据中获益"的新路子。一是由政府背书，选取区属国资企业作为公共数据运营服务商解决数据可靠问题。二是选取具有丰富数据应用经验的企业为数据经纪人，负责联系数据产品开发方与市场购买方，解决数据交易双方信任问题。三是对数据产品进行资产登记，并确保产品在特定场景、特定企业、特定范围使用。四是保证数据"可用不可见"，由具备资质的专业公司开展数据脱敏脱密，并运用区块链、北斗鉴权码和多方安全计算等先进技术加密，通过数据沙箱、数据保险箱等数据安全技术产品的运用，实现数据流通过程运用隐私计算技术全程加密、数据流通智能合约化管理、保障边缘端数据不出域。

5.5.2 北京市积极构建新型数据交易体系

2021 年 3 月，北京市成立了北京国际大数据交易所，这是国内首家基于"数据可用不可见，用途可控可计量"新型交易范式的数据交易所。该交易所在机制上构建集数据登记、评估、共享、交易、应用、服务于一体的数据流通体系，提供数据交易"一站式"平台服务，定位于打造国内领先的数据交易基础设施和国际数据跨境流通枢纽。

北京国际大数据交易所在全国数据交易领域的"无人区"实现了多项引领性创新，实现全国首个新型交易模式、交易系统、交易合约、交易场景、交易生态的落地。一是在全国率先落地新型数据交易模式，突破未加工或粗加工数据的初级买卖模式，通过创新技术、规则、场景，探索新型数据交易模式，落地了涵盖数据、算法和算力多要素组合的数据交易合约。二是在全国率先构建数字经济中介服务体系，发展数据运营商、服务商、经纪商，培育数据托管、法律事务、资产评估、审计等中介服务机构，打造全国首个数字经济中介服务体系。三是在全国率先落地首个"数据资产登记中心"和首批"数据资产评估试点"，通过合规审核、入场登记、质量评估、价值评估等流程为数据资源发放资产凭证，基于数据资产评估标准，推动数据资产评估试点落地和配套机构设立，探索落地数据资产评估标准化、要素化、价值化的"北京路径"。四是建成国内首个基于自主知识产权的数据交易平台，利用区块链技术及隐私计算技术，并叠加相关算力和算法，将数据交易全过程"上链"存储，实现数据使用价值的合规流通。五是在全国实现首个线上线下一体化的"数据跨境服务站"，依托北京数据托管服务平台，打造北京CBD跨国企业数据流通中心，落地"线上＋线下"的数据跨境流动新型解决方案，确保数据要素安全合规地"引进来"和"走出去"。

第6节　产业转型"一网兴业"新动能

2020年，我国在做好新冠肺炎疫情防控的同时实现了经济的稳步复苏。在2021年、2022年，我国基于数据赋能的"健康码""场所码""行程码"等服务在支撑科学精准防控中发挥了重大作用，为新冠肺炎疫情防控和稳定经济社会发展做出了重大贡献。这些与从中央到地方深入推进数字政府建设、不断优化营商环境的举措有关系。数字政府建设对于加强和改善市场监管，助力市场环境治理改善具有重要意义，是推动经济高质量发展的着力点和突破口。

5.6.1　我国多措并举持续优化营商环境

营商环境是指市场主体在准入、生产经营、退出等过程中涉及的政务环境、市场环境、法治环境、人文环境等有关外部因素和条件的总和。营商环境是孕育创新创业、滋养企业发展的土壤，是一个国家或地区经济软实力的重要体现。2018年以来，国家发展改革委、财政部、国家电网等部门和单位，出台了《国务院办公厅关于进一步压缩企业开办时间的意见》《国务院办公厅关于开展工程建设项目审批

制度改革试点的通知》《用户"获得电力"优质服务情况重点综合监管工作方案》《提升跨境贸易便利化水平的措施（试行）》《国务院办公厅关于印发全国深化"放管服"改革优化营商环境电视电话会议重点任务分工方案的通知》等一批政策文件，对我国营商环境各细分领域"砍环节、减时间、优流程、降费用"等提出具体要求。同时，最高人民法院印发《关于为改善营商环境提供司法保障的若干意见》，就优化执行合同、办理破产等进一步强化保障。2019 年 10 月，国务院颁布《优化营商环境条例》，于 2020 年 1 月 1 日起实施，将优化营商环境上升到法治化的高度，使优化营商环境的长效机制有了法律保障。

在世界银行发布的《2020 年营商环境报告》中，中国营商环境位列全球第 31 位，相比 2019 年提升 15 位，首次进入全球前 40 位。世界银行称，由于"大力推进改革议程"，中国在 2019 年和 2020 年连续两年跻身全球优化营商环境改善幅度最大的十大经济体。在世界银行指标的基础上，我国按照国际可比、对标世界银行、中国特色的原则，研究建立了更符合中国实际、更全面的"中国营商环境评价指标体系"。2020 年10 月，国家发展改革委发布《中国营商环境报告 2020》。报告显示，我国优化营商环境取得积极成效，企业和群众的获得感明显增强。2020 年11 月，全国工商联发布《2020 年万家民营企业评价营商环境报告》。该报告显示，民营企业对营商环境的满意程度明显好于 2019 年。尤其是新冠肺炎疫情发生后政府出台的一系列惠企政策，受到了民营企业的广泛好评。

我国各地针对群众投资创业面临的难点问题，转变政府职能，深入践行"把简单留给企业和群众"的服务理念，依托数字政府建设，通过构建覆盖企业全生命周期的公共服务平台，推动惠企政策"一键直达"，助企服务"一网通办"，着力提升涉企服务水平。各省市通过互联网、大数据、人工智能等新一代信息技术应用和数据资源开放共享，全面统筹协调政务业务跨地区、跨部门、跨层次联动，推动政府服务模式创新、业务流程再造，减少行政审批，着力深化"减环节、减材料、减时间、减成本、减跑动"，围绕企业和群众眼中的"一件事"，为企业和群众提供集成"套餐"服务，打造多部门数据互通、联合协作的服务平台，实现线下"一窗通办"、线上"一网通办"，并向"掌上办""指尖办"不断延伸。在监管方面，政府部门通过精准监管解决各类风险问题，严格把控各类风险，不断提升政府服务企业的能力和水平，持续深化供给侧结构性改革，促进跨境贸易便利化，激发市场主体的活力，营造稳定、公平、透明、可预期的营商环境。

我国还大力推进电子营业执照和全程电子化登记管理，实施"五证合一、一照一码""先照后证"等工商登记制度改革，商事制度改革取得突破性进展。同时，依托全国信用信息共享平台，我国建立了政府部门之间信息共享与联合惩戒机制，建设了国家企业信用信息公示系统和"信用中国"网站。使用信用监管机制后，信息透明度不断提高，市场交易风险有所降低，经济运行效率持续提升，以信用为核心的新型监管机制基本建立，企业自我约束功能不断强化。以企业开办为例，过去开办企业需要经过设立登记、公章刻制、发票申领、社保登记等环节，只能线下跑多个部门提交多套材料，现在"只进一扇门、最多跑一次、只交一次材料"或者"全程线上办，一次不用跑"，企业开办便利度持续提升，开办时间不断压缩，企业获得感不断提升。

2021年年底，"国务院客户端"小程序企业版上线试运行。该小程序汇集国务院部门涉企政策，提供涉企信息查询、市场主体留言、涉企政务咨询等服务，让市场主体找政策、提建议、用服务，不再"网上到处跑"，为市场主体纾困解难。"国务院客户端"小程序企业版如图5.12所示。

图 5.12　"国务院客户端" 小程序企业版

5.6.2　广东省："粤商通"助力营商环境优化

2019 年，为提升企业服务移动化水平，助力营商环境优化，广东省推出"粤商通"移动应用平台。"粤商通"移动应用平台如图 5.13 所示。

图 5.13　"粤商通" 移动应用平台

"粤商通"是广东省政数局为全省商事主体打造的涉企移动政务服

务平台，首次将分散在多地多部门的高频涉企服务集成到同一个平台，为广东省市场主体提供"一站式"服务，并在全国率先实现部分服务事项免证办理，实现企业办事"一站式""免证办""营商通"。"粤商通"旨在提升数字政府的服务能力和企业的市场运作效率，助力广东省营商环境的持续优化。"粤商通"平台通过基础能力建设，在提升"一网通办"服务能力的同时，进一步发掘平台在优化社会治理模式方面的价值，助力政府监管精准化、智能化、科学化、系统化。强化平台基础支撑能力，建设了移动应用支撑平台、统一业务授权平台、消息推送管理平台、"粤商码"用数授权、企业数字证书、"粤商通"PC端。另外，"粤商通"推进涉企政务事项建设，持续拓展服务覆盖范围，对平台内容推荐相关的模型、算法、规则进行分析与调整，持续优化企业标签和画像库，实现精准推送服务，同时，强化对平台内容的运营管理，让企业在"粤商通"平台获取的信息是鲜活的，营造信息"活水"环境，吸引更多企业使用平台。

上线以来，"粤商通"围绕市场主体全生命周期，持续推进涉企数据共享，"倒逼"业务流程再造，不断提升"一站式"移动服务的集成度，不断扩大"免证办"适用业务的覆盖面。特别是针对企业和群众办事创业的痛点、堵点、难点，上线了一系列针对性的服务。

截至2022年8月，"粤商通"已逐步构建起涵盖"办业务、找政策、提诉求、筹资金、拓商机、招人才"六大领域的综合功能体系，成为"汇粤商，通政企"的重要平台，实现了企业办事"一站式""免证办""营商通"，接入广东省21个地市涉企服务，实现2873项涉企服务"指尖办"，集成电子证照1333类，用户在广东省1850个办事大厅均可扫"粤商码"免证办事。平台累计市场主体注册用户数达1263万，基本覆盖全省活跃市场主体，总业务办理量突破2514万件，访问量达15.86亿次，月活跃用户数超200万。

近年来，"粤商通"移动应用平台在疫情防控、复工复产、招商引资等中心工作中发挥了重大作用。

一是助力疫情防控。2022 年 4 月，为最大限度减少疫情对经济社会发展的影响，确保疫区产业链供应链安全稳定，广东省聚焦封控区、管控区、防范区 3 类防控区域内市场主体复产、物流和仓储运营等实际困难，在"粤商通"上快速搭建"三区"产业链供应链保障平台。用户登录"粤商通"填写生产、货运过程中遇到的具体问题，即可向政府提交诉求。"粤商通"还上线"防疫助手"，在授权企业员工查看个人健康信息基础上，每日自动统计员工健康码状态、核酸检测结果、疫苗接种记录。员工出现红黄码时，系统将自动提醒管理员，提高企业防疫管理效率，确保生产经营有序稳定。截至 2022 年 8 月，超 12 万家企业使用"粤商通"的"防疫助手"进行员工健康管理的工作。2022 年 6 月，"粤商通"又推出广东省市场主体诉求响应平台，与"粤省心"12345 热线连通，为广东省各类市场主体提供"一站式、全天候、智能化、及时办"的诉求响应服务，诉求从提交、分办到监督通报，实行全流程闭环管理。诉求响应平台接收企业诉求工单累计 29.9 万件，办结满意率 96.82%，有力推动精准助企纾困。

二是助企纾困。"粤商通"推出广东省中小企业款项支付投诉与处理功能，着力解决中小企业收款难、收款慢等问题，打造办理拖欠中小企业账款案件"绿色通道"，推动中小企业账款回笼提速，强化企业权益保障。截至 2022 年 8 月，"粤商通"已收集追款诉求 360 余条，推动达成还款协议 3689 万元。"粤商通"还开通了专栏，向第三方冷库、自营自用冷库、冷藏冷冻食品货主提供冷藏冷冻食品出入库、台账、存货卡等服务，高效支撑冷藏冷冻食品疫情防控。"粤商通"推出重点物资运输车辆通行证服务，运输货物进出涉疫地区的市场主体可在线申领、在线出示电子通行证，帮助涉疫地区解决货物运输难题，维护企业正常生产生活秩序。"粤商通"还将留抵退税、减免"六税两费"、缓缴社保和公积金、返还失业保险费等一系列纾困政策及相关领域政务服务事项进驻粤商通，将政策查阅与服务办理进行深度融合。通过对接"粤企政策通"和"粤财扶助"平台，"粤商通"汇聚各级行业政策、权威解读和奖补申报项目，打造政策精准推送、企业在线申领、进度实时查询的"直达快享"模式，推进助企纾困政策落地，提振市场主体发展信心。截至 2022 年 8 月，广东省已开放申报涉企补贴项目 1161 项，惠及企业超 22.7 万家。"粤商通"还与融资平台和金融机构对接，为用户"量身"推荐信贷产品，解决中小企业融资难题，提供申报服务，促进信贷资金更多流向受疫情影响行业、小微企业和个体工商户等市场主体。截至 2022 年 8 月，"粤商通"平台已入驻金融机构 883 家，发布金融产品 1504 款，接收企业贷款申请 6.3 万次，推动实现融资金额达 278.9 亿元。"粤商通"开放首贷贴息入口，中小微企业通过"粤商通"首次申请贷款可申领不高于 1% 的贴息补助。2022 年 4 月～ 6 月贴息开放期间，累计申请贷款金额超过 262 亿元，获批首贷金额超过 66 亿元。

三是助推企业供需对接与市场开拓。"粤商通"积极对接广东省公共资源交易平台"粤公平"，向用户提供全省采购公告查看、项目报名、中标通知书领取、电子保函办理、服务评价等服务。交易信息覆盖工程建设项目招标投标、土地使用权和矿业权出让、国有产权交易、政府采购、国企采购、容积率、出租营运牌照、三旧改造等 20 余类，实现交易信息"一网尽览"，交易服务"指尖可办"。截至 2022 年 8 月，公共资源交易专区访问量超 13 万次。"粤商通"还联合广东省贸促会推出"全球商机资讯栏目"，助力企业拓展海外市场。截至 2022 年 8 月，已发布 17 个国家和地区的百余个精选商机项目，累计访问量约 50 万次，促成新西兰等国家和地区与广东省企业多宗大型设备采购项目的成交落地。

5.6.3 浙江省："最多跑一次"改革 [1]

2003 年，习近平总书记在浙江省工作时提出"数字浙江"建设。此后，浙江省历届省委省政府坚持"一任接着一任干"，持之以恒推进"数字浙江"建设。2014 年，浙江省全面实施"四张清单一张网"，以浙江省政务服务网建设为载体，成为全国最早建立全省统一在线政务平台的省份之一。

2016 年，浙江省率先推出"最多跑一次"改革，坚持将"以人民为中心"作为根本理念，以"互联网 +"和大数据为技术支撑，以"一窗受理""一网通办"为主要手段，力争实现让群众和企业到政府办事"最多跑一次"甚至"跑零次"的目标。

2017 年年底，改革已初见成效，浙江省"最多跑一次"实现率达到 87.9%，群众办事满意率达到 94.7%。2018 年 1 月，浙江省提出充分发挥"最多跑一次"改革的牵引作用，推进改革向其他领域延伸。在企业投资方面，推行区域评估、标准地、施工图设计文件联合审查制度，极大地改善了营商环境；在公共服务领域，例如医疗卫生、教育培训、健康养老、交通出行、社会保障、市政公用事业等，引入"最多跑一次"改革成果，"跑"出新成效；在社会治理领域，探索自治、法治、德治"三治融合"与"最多跑一地"等。

为推动"最多跑一次"改革纵深推进，2018 年，浙江省正式启动政府数字化转型，提出了"四横三纵"七大体系，明确要求数字化业务应用体系覆盖全部政府职能，通过建设全省共建共享的应用支撑体系、数据资源体系、基础设施体系，形成政府数字化转型的政策制度体系、标准规范体系和组织保障体系，从而推动全省各级政府、各职能部门的数字化转型进程。

1　部分资料来源于浙江省人民政府网《"浙里办"上线 8 周年，实名注册用户突破 8200 万》。

通过政府数字化转型改革，浙江省政府服务和履职效能、治理体系和治理能力现代化程度均显著提升。"浙里办"自2014年6月上线以来，截至2022年6月，已汇聚3638项全省统一的政务服务事项、1500项便民惠企服务、40件多部门联办"一件事"。"浙里办"实名注册用户突破8200万人，日均活跃用户280万人次。"浙政钉"政务协同总平台已覆盖省、市、县（区）、镇（街道）、村（社区）、小组六级组织，集成1278个应用，实现部门间高效协同，跨部门多业务协同应用建设全国领先，推动数字政府的先发优势转化为治理效能。数字力量推动着经济社会面貌改变，2020年，浙江省数字经济核心产业增加值逆势增长了13%。

在浙江省的改革浪潮中，"最多跑一次"是一个高频词。经过探索与实践，"最多跑一次"改革已经形成比较成熟的制度规范与标准体系，使改革红利不断释放，成为浙江省改革的代名词和金字招牌，受到企业和群众的普遍赞誉，得到社会各界的广泛认可，改革的连锁效应也获得党中央、国务院的充分肯定。2018年1月23日，中央全面深化改革领导小组第二次会议审议了《浙江省"最多跑一次"改革调研报告》，并建议向全国推广。2018年3月，"最多跑一次"改革被写入《政府工作报告》。2018年5月，"最多跑一次"改革被中共中央办公厅、国务院办公厅作为深入推进审批服务便民化的典型经验之一向全国推广。

"最多跑一次"改革是浙江省创造性推进全面深化改革的先行探索，是真正以人民为中心、以问题为导向、以数字化为主要抓手的改革，更是一场面向政府的自我革新。其创新点在于服务理念的革新，从"群众跑"到"干部跑"，从"反复跑"到"跑一次"，从多部门表格"泛滥"到"一站式"受理办结，凡是与生产生活密切相关、群众和企业关心的事务，相关流程更加简化、程序更加规范、效率更加提升。群众在切实

感受到方便的同时，其身份也在由参与者转变为监督者、评价者，促使部门权力运行更加公开、透明、有序，这正是"从群众中来、到群众中去"的生动实践。在疫情防控期间，"最多跑一次"在一定程度上减少了人员聚集和频繁流动，降低了不必要的风险，既提高了行政效率，优化了服务质量，也满足了群众的办事需要，提升了人民群众的获得感和幸福感。

2021年年初发布的《浙江省国民经济和社会发展第十四个五年规划和二〇三五年远景目标纲要》提出，要深化"掌上办事之省""掌上办公之省""掌上治理之省"的建设，完善"浙里办"一体化政务服务平台、"浙政钉"政务协同办公平台。浙江省人民政府印发的《浙江省数字政府建设"十四五"规划》中提出，要完善开放共享的数据治理体系，建好一体化智能化公共数据平台，实现数据、算力和算法的共享共用；加强数据资源共享开放的应用创新，促进数据回流赋能基层管理。

近年来，浙江省多轮推动"证照分离"改革，对全省范围内520项涉企经营许可事项的改革方式、改革举措和事中事后监管措施进行分类管理，其中，直接取消审批67项、审批改为备案15项、实行告知承诺103项、优化审批服务335项。同时，在中国（浙江）自由贸易试验区增加实施43项改革试点举措，其中，直接取消审批14项、审批改为备案15项、实行告知承诺13项、优化审批服务1项。为强化改革系统集成和协同配套，浙江省还在实施"证照分离"改革的过程中，同步推进商事主体登记确认制改革、准入准营"一件事"改革、电子证照多维度运用、打造"证照分离"协同平台、构建信用综合监管体系等创新举措。改革后，企业领取营业执照或通过告知承诺即可经营，并且优化服务审批事项也做了进一步压减，基本实现"极简审批"。

5.6.4　深圳市：“秒报秒批一体化”改革提升行政审批效率 [1]

作为全国首批信息惠民试点城市和广东省数字政府综合改革试点城市之一，深圳市始终把数字政府建设作为全面深化改革的突破口，在全国率先推出“秒批”改革，率先打造区块链电子发票系统，率先建设并上线灵鲲金融安全大数据平台，在全国各城市中率先实现 5G 独立组网。深圳市在 2019 年、2020 年、2021 年，连续 3 年位列全国 32 个重点城市一体化政务服务能力第一名。

2018 年和 2019 年，深圳市相继推出了“秒批”和“秒报”改革，在受理审批环节实行无人干预自动审批，业务申报环节实行少填或不填信息的“无感申办”。但是，由于“秒报”和“秒批”涵盖的政务事项并不完全对应，这意味着一些政务事项可以“秒报”，但可能还做不到“秒批”，一些政务事项审批很快，但申报过程比较烦琐。为此，深圳市在“一网通办”的基础上，大力推广“秒报秒批一体化”新模式，创造全流程不见面、零跑动、全自动的政务服务，实现即报即批、即批即得。2019 年 3 月，深圳市龙岗区率先上线个体工商户“秒批”业务，并与金融机构合作在银行网点引入政务服务辅导和深圳市营业执照自助领证机。申请人可以在银行大厅服务人员的引导下，最快在 20 分钟内完成银行 Ukey 申请、线上注册审批、现场取证的全套流程，真正打通政府服务群众的“最后一米”，让群众“只进一扇门”便能办成“一件事”。2020 年 9 月，深圳市“秒报秒批一体化”平台正式上线，第一批业务涵盖了 9 个部门的 58 个高频政务事项。这些政务事项不仅可以通过网页办理，还能通过 App、微信小程序等更加便利的渠道办理。

为实现“秒报秒批一体化”，深圳市建设了全市统一的政务信息资源共享平台，利用人工智能、大数据、区块链等技术，连通 10 个区和

1　部分资料来源于中国政府网《“秒报秒批一体化”推动深圳数字政府再提速》。

76 个部门，集中了人口、房屋、电子证照、公共信用等数据资源，推动数据跨部门、跨层级、跨地域、跨业务共享互通，建立了基础库、主题库等各类数据库的共享复用通道和机制，力争让企业和群众办事只需要"选择"，不需要"填空"。此外，深圳市加快政务服务"一站式"办理，拓宽"一件事一次办"的覆盖范围，推动政务服务由"人找服务"向"服务找人"转变；建成全市统一协同办公平台和党政机关内部办事服务"一次了"系统，让政务运转更高效、更智能。

第 7 节　民生诉求"一号通办"新方案

5.7.1　各地 12345 热线服务深入民心

随着经济社会的快速发展，群众对政务服务质量的要求日益提高。为打造便民高效的服务型政府，相关部门相继开通本部门的政务服务热线。随着政府相关热线号码的不断增加，出现了诸如号码多难记、打不通难找、没监督难办等问题，严重影响了政务服务热线的服务质量和群众满意度。

为了解决以上问题，各地政府积极探索建立受理规范化、办理流程化和服务标准化的政务服务热线，一方面规范统一标识、网络、人员、设备、机构、场所等要素，另一方面建立多级联动办理的工作体系，形成统一的管理要求和绩效评估标准，从签收服务工单开始，建立办理、答复、督办、考核等规范流程，简化业务流程、规范管理机制，从多个维度建立标准规范以保障整合后的政府热线平稳运行、服务质量提升。同时，各地政务服务热线积极推进移动通信、大数据、人工智能等技术在政府热线场景上的应用探索，采用人机结合、机器赋能的新兴模式，努力提升政务服务智能化水平。

经过近几年的快速推进，政务服务热线建设成效显著，深入民心。例如，江苏省构建了覆盖全省、省市一体化联动的政务热线服务平台，该平台是全国首家覆盖全省、统一联动的一体化民生服务平台，覆盖江苏省 90 个省级部门和所有设区市，形成三级联动的"24 小时在线"服务格局。同时，江苏省融合江苏 12345 热线和江苏政务服务网的运行服务，率先实现全省政务服务热线一体化服务。在咨询服务方面，江苏省在全国首创集成式企业诉求"一号响应"机制，深化拓展"一企来"，企业特别是中小微企业如果有生产经营方面的诉求，可直接拨打 12345 "一企来"服务热线，实现政策直抵企业基层。北京市印发国内第一部规范接诉即办工作的地方条例《北京市接诉即办工作条例》，推进以接诉即办促改革，将 12345 热线整合的 54 条热线，各区、各部门、343 个镇（街道）、市属 44 家国有企业全部纳入接诉即办体系，实现"一条热线、一张派单、一份卷子、一套机制"。上海市将 12345 热线打造为城市运行"一网统管"、政务服务"一网通办"总客服，成立热线承办工作领导小组，设立热线承办工作办公室，建立健全统一领导、统一协调、联动响应的热线承办新机制，增强承办工作领导力、协调力，扩大覆盖面。广东省在现有 12345 热线服务基础上，融入集成广东政务服务网、"粤省事""粤商通"等平台的群众诉求入口，形成"粤省心"政务服务便民热线品牌，在省级层面建立一条综合性政府服务热线平台，让诉求反馈到"指尖办"，为市民提供"7×24"小时全天候在线客服，实现诉求工单"一站式"跟踪服务。

5.7.2　广州市 12345 热线实现"一号接听、有呼必应"[1]

2014 年以前，广州市各职能部门和各区政府合计设立了 92 条服务专线，部分热线的接通率不足 50%，对于市民涉及部门职能交叉的诉求，

1　部分案例及数据来源于南都广州《广州市政府建立 12345 热线联席会议制度，解决重难点问题》。

由于缺少全范围联动和全过程监察机制，部门间容易相互推诿，办理质量无法得到保障。

广州市按照"先易后难、分步整合、稳步推进"的原则，以12345热线为载体，从2013年下半年至今，逐步整合了全市11个区、40多个市直部门共91条服务专线。同时充分利用数字政府改革建设成果，搭建了上下联动的工作体系，开通了微信公众号、小程序、微客服、网页等互联网受理渠道，通过汇总12345热线收集的市民诉求信息，健全疑难事项解决长效机制，深化数据应用，协同各级政府部门不断推行靶向治理、精准施政，打造市、区、镇（街道）三级"一号接听，有呼必应"服务体系，确立12345热线一号受理市民诉求的格局。

广州12345热线针对深入整合后热线服务体量巨大、需求多样、覆盖面广等特点，编制包含受理转派、办理办结、评价督办、回访考核等接通即答、接诉即办标准共193项，全面统一规范热线服务流程。被整合的专线座席全部集中到统一话务场地、使用统一热线信息系统开展工作，统一由12345"一个号码、一支队伍、一套标准"服务。面对政府服务范围广、部门政策专业性强的问题，广州12345热线全面标准化梳理政府服务业务，编制涵盖4505个思维节点的业务思维导图、6542个标准化问答指引、1900个二维事项分类和4947个诉求记录模板，将各部门割裂的业务串联起来，形成统一共享的事项标准。

此外，广州12345热线前端连通"粤省心""穗好办"、市政府门户网站、部门网站等受理服务平台，后台囊括110多个承办单位，涵盖市级部门、各区、镇（街道）、村（社区）、部分重点主体等多级，汇聚15000余名经办人员，复杂事项一键跨部门协同办理，企业和群众诉求事项处置闭环监控、全程留痕；充分运用事项标准化成果，结合自动语言识别技术、自然语言处理技术等智能化技术和海量人工服务数据，建设多种智能化工具；开发疫情政策、就业政策等10个智能交互查询工具，疫情政策查询助手查询量超 100 万次；开发智能座席助手，辅助话务人员提效 40%；实施热线工单智能分拨，建立 2 万多个智能转派模型，覆盖 1167 个高频事项，将工单转派时间由 3 个小时压缩到秒级，工单分拨派发准确率达 97.8%；通过标准化规范数据采集要求，预设数据选项供诉求人和话务员自行选择，提高数据清洁度。

2022 年 7 月，广州市发布《广州市政务服务便民热线管理办法》，进一步提出要推动群众的"急难愁盼"问题得到及时解决，大幅提升群众诉求转办效率。其中，市热线工作机构 1 个工作日内转派事项，承办单位 2 个工作日内核查、10 个工作日内办理并回复诉求人，并分级分类促成事项得到根本解决。针对诉求人持续反映、需要长期推进的热线事项，要建立专项办理机制，切实推动问题解决。广州 12345 热线自 2014 年上线运行以来，已实现通过 12345 热线电话及配套设置的微信、网站，为人民群众和企业提供 24 小时全天候公共服务。服务量从 2014 年的 211 余万件增长到 2021 年的 2840 余万件，已累计服务 9700 多万人次，话务服务满意度约为 97.59%。

第六章

数字政府建设新挑战

当前，全国大规模数字政府建设已进入快车道并取得丰硕成果。与此同时，数字政府建设还面临着进一步完善体制机制、释放数据价值、赋能产业发展、防控安全风险等诸多挑战，未来依然任重道远。

第 1 节　体制机制有待完善

我国数字政府建设基本形成高位统筹的组织领导格局，但国家与地方存在牵头部门"对不齐"的现象。国家层面由国务院办公厅负责组织推进，省市层面牵头部门则主要有政府办公厅、大数据管理部门和政务管理部门等。上级部署的数字政府工作要求，直属下级部门由于缺少相应职权往往"接不住"，从而不利于形成国家、省（直辖市、自治区）、市、县（区）一体化统筹局面。另外，部分地区牵头部门在横向统筹推进本地区数字政府建设时，难以在项目审批、资金分配、流程监管等方面有效协调管理各条线部门的建设需求，出现"小马拉大车"现象，往往"心有余而力不足"。

一是项目统筹力度需进一步加强。有序统筹协调是做好数字政府建设工作的重要前提和保障。《国务院关于加强数字政府建设的指导意见》首提建立健全"全国一盘棋"的统筹推进机制。国家层面成立数字政府建设工作领导小组，由国务院领导同志任组长，办公室设在国务院办公厅，具体负责组织推进落实。要求各地区各部门建立健全数字政府建设领导协调机制，强化统筹规划。截至 2022 年 9 月底，超过 20 个省级地区已经设立数字政府改革建设工作领导小组，普遍确立了"一盘棋"统筹推进工作机制。当前，我国各级政府部门系统林立，依然存在重复建设、管理分散问题。地方政府的很多跨部门信息化领导小组或数字政府改革建设工作领导小组作用发挥不足，导致各个政府部门依然采用独自开发信息系统的建设模式，各地区政府重复建设大数据平台、政务云平台、数据共享交换平台，加重了地方财政负担。平台管理分散、系统交叉错综复杂，催生出众多"数据烟囱"与"信息孤岛"，强化了部门壁垒，不利于信息资源汇聚整合，延缓了应用系统由原环境迁入云计算环境的实施。

二是制度更新滞后于技术业务创新。制度缺位、制度不合理甚至部分制度存在冲突等问题客观上阻碍了数字政府的可持续纵深发展。新兴技术、新型模式的使用可能触发新的风险。例如，部分地方政府的部门职责不清、交叉管理等问题未得到彻底解决，信息化主管职责分属不同部门，机构设置不统一，未能实现项目、资金的归口统一管理，增加了统筹管理的难度，网络、平台、应用等资源建设管理缺乏有效配合，难以形成统筹共建合力。我国很多地方还存在数字政府改革建设成效评价指标体系缺失，项目建设与顶层设计脱节，一体化建设成效不明显等问题。

三是运营与管理模式完善需要进一步探索。数字政府可持续运营需要突破原有的建设运营模式，探索出可持续的盈利模式，才能够促进数字政府健康可持续发展。目前，数字政府的市场化运营模式还不成熟，权责关系不清晰，缺少创新共建的合作模式和盈利模式，间接地造成了社会资本参与数字政府建设的鸿沟。数字政府运营主体是推进数字政府可持续运营的重要载体，但是，运营主体和数字政府管理单位及业务单位的关系边界、责任边界仍不清晰。数字政府的整体运营除了基础设施资源的运营，还要考虑政务业务的运营，目前的规划和设计大多数没有考虑这类问题，这也加大了数字政府后续运营的难度。此外，政企合作中政府和企业职责边界模糊不清，易导致企业将自身利益放在公共利益之上，公权私用、滥用数据，甚至形成垄断。

四是数字政府改革建设受到专业人才缺乏制约。随着新一代信息技术的快速发展和数字政府的深入推进，社会各界对数字政府的改革期望也变得更高，除了不断深化现有技术的应用范围，也亟待新技术创新带来更优质的服务、更高效的治理手段来满足百姓对美好生活的更高需求。然而，我国既懂信息专业技术又懂政府业务与管理的复合型人才缺失，数字政府改革建设依赖项目承建方和信息技术产品相关供应商。

第2节　服务能力尚需提升

一是政务服务水平还需优化提升。数字政府建设要通过技术融合、业务融合、数据融合，对内推动政府系统性、协调性变革，对外建设人民满意的服务型政府，实现跨层级、跨地域、跨系统、跨部门、跨业务的协同管理和服务建设。随着建设工作的逐步开展，政务服务平台建设管理分散、办事系统繁杂、事项标准不一、数据共享不足、业务协同不足等问题逐渐凸显，群众和企业办事的"难点""堵点""痛点"仍未完全解决。此外，一些政府部门应用建设重系统配置、轻用户体验，重建设数量、轻内容质量，功能设计华而不实，整体使用率不高。

二是跨部门综合业务需求持续增加。实现跨部门、多业务的综合集成创新，推动跨部门数据共享、流程再造和业务协同，是深化数字政府改革建设的必然要求。随着数字政府的深入发展，政府跨层级、跨区域、跨部门协作愈发迫切，跨部门的综合性、场景式业务需求不断增加。跨部门协作要更加注重用户体验，坚持系统性、关联性、协同性谋划，从"一件事"视角设计政务服务，探索基于场景模式的多业务大协同应用。大协同模式将冲击以部门为单位的传统政府管理模式。目前，跨部门、跨层级的业务协同机制与政府部门的权责分工机制还需要进一步理顺和探索。

　　三是地区间发展不均衡问题比较突出。部分先进地区涌现出一批在全省甚至全国领跑的优秀案例，但部分欠发达地区由于财政资金及人才队伍不足，信息化建设欠账较多，数字政府改革还未真正启动。各省市在跨层级、跨地域应用和技术架构上缺少整体考虑，联动较少。数字政府公共平台信息化相对落后、欠发达地区的政府数字化转型支撑不足。

第3节　数据价值释放不足

　　近年来，政府数据开放共享虽取得积极进展，但在以数据要素为驱动的数字政府改革建设实践中，数据资源确权、开放、流通和交易等方面仍然缺乏规范、公平、成熟的机制保障，导致目前数据市场化带来的收益偏低，政府和社会进行数据交易的意愿并不强烈，政务数据开放共享水平依然较低、公共数据资源价值释放受限，暴露出数据整合难、确权难、流通难、使用难等问题。

　　一是整合难。政府受多级财政、垂直业务管理的影响，"纵强横弱"现象突出，考虑到数据安全问题，政务数据开放程度有限，依然存在着大量"数据孤岛"或"信息烟囱"。同时，跨行业、跨部门、跨层级全方位的数据资源共享交换体制尚未建立，多部门重复收集数据，导致各类数据统计口径不一、底数不清、数据不实、数据碎片化、非结构化，数据共享交换的成本高、难度大。此外，数据治理和服务体系尚未形成，社会数据资源共享开放力度不强，未对城市（公共）、商业、互联网等其他数据域资源进行有效整合和深度开发利用，难以释放出数据的更大价值。

　　二是确权难。数据具有可无限使用、可传播、非独占等特点，这导致数据所有权、使用权、转让权、收益权、管理权等权利分离和

收益分配十分困难。目前，关于数据流通过程中各市场主体权益保护、行为约束、评价估值方面的法律政策建设仍较为薄弱，数据的权责关系依然有待进一步划分。

三是流通难。政府还未探索出一条安全有效的途径释放数据价值，数据流通依然存在隐私保护难、数据共享难、业务协同难的"三难"问题。受法律法规及数据安全的限制，政务数据开放程度非常有限，流通到社会上的数据的可用度不高，无法形成数据红利来充分调动社会组织、企业参与政务数据的融合开发利用。数据的保护和分享是一组"矛盾"，人类需要在保护数据所有者权益的前提下使用数据和挖掘数据价值。目前，我国出台了《中华人民共和国网络安全法》和《中华人民共和国数据安全法》，强调数据安全和个人隐私保护，其他国家也对个人隐私数据的保护制定了非常严格的法律。此外，我国政务数据共享协调机制尚存在数据供需对接不精准、匹配不到位、数据质量难提升等问题，各级政府大量垂直系统的存在客观形成了政务数据"物理分散"的局面，"数据重复录入""垂管系统数据回流难""数据标准化程度低""数据难用、难懂"等现象依然普遍存在，政务数据分散在不同部门、不同区域，不同系统的局面未得到本质改变。

四是使用难。数据共享与交易机制不完善，有些部门以数据安全或个人隐私为由不愿开放数据，导致数据需求方和供给方脱节。有些开放数据质量尚待提高，数据"不完整、不鲜活、不准确"导致数据使用价值不高。近年来，数据安全和隐私数据泄露事件频发，各政府机构和公共部门因为责任划分不清，不敢共享数据和使用数据。与此同时，政企数据融合利用较少，缺乏对数据的关联分析和深度挖掘，政务大数据与社会化数据融合、碰撞效应不明显，政府和企业之间的数据融合利用路径尚不明确，没有形成具有广泛可行性的公私数据融合利用机制，无法充分发挥公共数据的使用价值。

第4节　产业发展赋能乏力

数字经济是加快传统产业转型升级，引领未来经济发展的新动能、新引擎。以数字政府建设助推数字经济发展，进而赋能广大企业尽快完成数字化转型升级，促进数字经济和实体经济深度融合。数字政府建设可为经济发展创造更好的营商环境，提供更好的政务服务，同时，可为经济发展提供数据要素支撑。然而，数字政府建设成果对经济社会数字化转型的支撑还存在赋能不足、力有不逮的短板。

一是数字政府改革尚未在企业发展所需的政策、资金、技术、人才方面提供更大支撑。我国企业普遍存在数字化、网络化、智能化基础薄弱，数字化转型升级困难的问题。企业数字化转型升级是一项复杂的系统工程，在软硬件购买、系统运维、设备升级、人才培养等方面需要持续投入大量时间和资金，而大部分企业生存压力大，对于周期长、投资大、见效慢的数字化转型升级，既无意愿，也无能力。同时，企业还存在数字化人才储备不足的问题，在生产、营销、运营、管理等环节缺乏数字化人才的支撑，在吸纳数字化人才方面存在"招不来、用不起、留不住"的问题。

二是面向企业的服务能力有待进一步提升，在市场协调、秩序监管、公共平台中的作用还有待进一步发挥。在企业办事过程中，仍存在重复填报、多次证明等现象，用户"就近办事、一次办成"的体验感不强，线上线下办事融合不深，用户体验感与日常互联网移动应用仍有差距，"一网通办"需要从"可用能用"向"好用爱用"不断深化。涉企政务服务办理便利程度需要提升，企业办事仍然存在申报材料复杂、审批环节多、耗时长、涉及部门多等问题，融资成本降低、税费便利缴纳、政策精准适配等企业生产经营过程的关键服务需求缺少必要的数字化支撑，覆盖企业全生命周期的数字化服务体系仍需进一步完善。

第5节　社会治理亟须深化

我国在社会治理领域跨部门、跨区域的应用协同和大系统、大平台建设比较薄弱，业务、系统、数据的壁垒仍未完全打破，碎片化、分散化治理现象普遍存在，精细化、智能化的治理机制和平台系统尚未完全建立。社会治理主要问题包括以下3点。

一是一体化治理平台应用偏少，解决"治理责任散"问题不足。目前，社会治理的责任散落在不同的职能部门，难以发挥整体性作用。一是由政法部门牵头主抓的平安城市建设；二是由组织部门牵头的党建引领社会治理行动；三是由宣传部门（文明办）牵头的文明城市创建活动；四是由民政部门牵头的社区（乡村）治理；五是由住建部门牵头的智慧城市建设和小区治理；六是由城管部门牵头的城市综合管理；七是由市场监管部门牵头的食品安全示范城市创建。由于各部门之间缺乏有效的工作协调和一体化治理平台，难以形成治理合力，多头治理的局面没有得到根本转变，社会治理仍然面临很多问题。

二是数据难以回流基层，数据赋能解决"治理负担重"问题不足。社会治理的重担主要在基层，基层维护社会稳定的任务繁重，流动人员管控压力大，普遍存在"上面千条线、下面一根针"的问题。为了落实上级的相关政策，各级政府部门有时会层层加码，层层追责，"上面千把锤、下面一根钉"的问责机制让基层不堪重负。

三是智能基础设施建设薄弱，应用数字化技术辅助解决"治理盲区多"问题不足。由于社会群体利益多样、诉求多元，人、物、资金、信息等加快流动，安全风险复杂多变，致使传统社会矛盾和新生社会矛盾相互交织，传统安全与非传统安全因素相互作用，潜在风险源不断增多，社会治理很难用一套既有的成熟治理模式有效解决所有问题，监管盲区普遍存在。

第6节　安全风险日益凸显

当前，信息系统建设呈现统筹统建、互联互通、数据集中趋势，强调数据的共享流通，数据聚集程度越来越高，城市越来越智能，但安全风险随之增大、隐患变多，一旦出现问题，则会发生"一着不慎，满盘皆输、一失万无"的巨大风险。数字政府建设主要面临以下安全风险。

一是网络安全风险挑战加剧。目前，网络安全威胁呈现多元化、复杂化、高频率的趋势。勒索软件、钓鱼软件、恶意网站和恶意软件层出不穷。另外，由于物联网飞速发展，感知节点分布广泛，数据体量更为庞大，数据类型及应用场景更加复杂多元，这对网络安全的挑战越来越大。随着各行各业的数字化转型，数据跨越组织和行业的边界进行流动将变得更为普遍，网络安全问题已无法依靠任何单方力量来解决。网络安全已经成为事关国家安全、经济社会发展和人民群众利益福祉的重大战略问题。

二是数据泄露和滥用风险越来越大。数据的价值在于融合与挖掘，政府数据对公众的最大利益在于共享与开放，而数据安全又是利用数据价值的最基本前提。目前，我国很多地方已建成一体化的政务大数据中心、政务云平台，打通了大量政府业务系统，初步实现了人口、企业、地理信息、各类基础设施和政务服务数据的集中统一汇聚、存储和管理。随着大数据平台不断汇聚城市各类数据，数据管理的复杂性和不确定性增加，数据集中共享和安全发展的矛盾逐渐显现。在共享开放过程中，数据暴露的途径变多、维度更广、数量巨大，数据泄露、滥用事件易形成侵害个人隐私、危害国家安全的大问题。随着数据的大规模集中存储，

数据泄露风险及海量数据开放共享可能带来的数据滥用风险、数据资产安全运营风险及人工智能安全威胁风险等越来越大。

三是个人隐私保护困难。政府数据涵盖大量公众隐私数据乃至政府、企业内部机密信息，数据开放共享必须解决对个人隐私数据和国家信息安全的保护问题。2021年6月，我国正式发布《中华人民共和国数据安全法》，这将在法律层面为数据安全和个人隐私保护提供法律保障，同时，也为政府数据的开放应用创新带来新的挑战。个人隐私保护不局限于个人数据的保密性、完整性和可用性等基本方面，个人数据生成、获取、存储、处理、利用、流通、管护、销毁的全生命周期中也存在数据失控的风险。政府数据开放和社会力量开发利用政府数据都不能违反保密规定、侵犯公民隐私权。我国政府数据开放相关工作尚不能完全适应隐私保护要求，政府数据的充分开放还面临法律问题和技术屏障。

第七章

数字政府建设新未来

火遍全球的好莱坞电影《阿凡达》通过画面、故事线和对未来的畅想，令全世界的观众着迷。在电影中，万物可联、自由接通，人与自然完美融合在同一个世界和同一个网络当中。随着技术的进一步发展，6G、"星链"甚至更加先进的移动通信网络，结合虚拟现实（Virtual Reality，VR）、增强现实（Augmented Reality，AR）、混合现实（Mixed Reality，MR）和扩展现实（eXtended Reality，XR）等虚拟现实技术来共同搭建"元宇宙"平台，把虚拟世界与物理世界打通，使两种世界紧密融合为一体成为现实。"元宇宙"技术正在游戏、文旅、教育等行业应用逐步落地，"元宇宙"产业正迅猛发展。

未来，政府通过对新兴技术更加充分地运用和对信息资源更富有效率地分配，将进一步消除各地区的"数字鸿沟"，推动政府的服务协同、职能优化和机构改革，最终实现治理体系和治理能力现代化。从数字化发展的角度，政府的未来将会向"云端化""虚拟化""智能化""整体化""服务化"的方向进一步演进，逐步实现"数字孪生政府"和"云上智能政府"。

第 1 节　破局——新理念迎接新未来

对数字政府建设而言，积极应用各种新技术，进一步推动技术与业务深度融合，充分释放数据价值，解决数据安全和个人隐私保护等问题，是数字政府建设过程中需要经历的必由之路。

7.1.1　技术与业务深度融合新机制

未来的数字政府将通过更为先进的量子计算平台，利用万物互联、类脑智能、脑机接口等前沿技术，让人与人、人与物、物与物之间的连接更为紧密，从而实现万物互联与协同。传感器自动采集数据并经过先进网络传输到数据中心存储和计算，政府各部门和群众访问服务器便能随时随地获取自己想要的信息。数据获取的手段更加便捷，数据归集的类型更加多样，数据可信度和安全性要求更高，数据共享和应用的方式也更加多样。

未来，通过利用一整套智慧工作体系，技术和业务将融为一体。各类信息（包括信息获取、存储、传递与问题发现到决策的过程）通过网络空间实现打破时空限制的高速、高效运行，并将信息处理后的结果落地到物理空间中，以完成精确、精准、高效的反馈实施。政府各部门在进行监管、调研、应急决策时，可以足不出户地了解事发地点全实时、全方位的现实图像与现场空、天、地、海的立体空间全数据，通过强大的数据分析平台与 AI 决策系统，在进行瞬时高效的数据处理之后，得到最优选择方案及各方案执行后的全部可能性结果，提供最为精准有效的调控计划与指挥决策方案，让政府决策者进行选择与判断，将风险与损失降到最低。

未来，政府将实现跨区域、跨部门、跨层级的数据共享和算力调度；海量数据与繁多业务之间将建立关系，让业务与业务之间高效协同，挖掘出数据的更大价值；区块链技术与更为可靠的数据安全保障技术融合，将政府内部数据、外部市场数据、社会公众数据有机结合，各个部门之间的跨域数据互通流畅，政府通过不同领域的数据综合应用进行更为精准有效的决策、监管与服务。企业和群众办理业务不再需要提供任何纸质证明文件，只需要在移动端通过生物信息确认，办理部门便可自动获取相关信息，瞬间完成相应的业务办理，实现处理时长无感化的"毫批秒办"。

通过对新兴技术更加充分地运用，政府将实现技术与政务业务的深度融合，同时通过政府信息化业务管理与系统运营分离、促进数据要素无障碍流通、对信息资源进行更高效的分配等手段进一步消除各地区间

的"数字鸿沟"，推动政府服务的协同、重构和变革，最终实现国家治理能力的现代化。

此外，随着数字孪生、元宇宙等技术的逐步落地，虚拟的数字世界与现实的物理世界可相互关联、互相促进，数字世界与物理世界的一一对应关系将被打破。数字孪生技术可应用于城市规划、一网统管、应急救援仿真演练、自然灾害预警、交通物流运输等领域，推动政府服务和政府决策先在数字孪生世界找到最优或者局部最优的解决方案，从而提高各类资源优化配置效率。

目前，元宇宙技术在游戏、社交、教育等领域的应用正在逐步展开。未来，元宇宙技术与数字孪生技术的结合将带来深刻的社会变革。人类将在现实世界的基础上搭建一个平行且持久存在的虚拟世界。在元宇宙的虚拟世界里，现实中的人以数字化身的形式进入虚拟时空中生活，同时，在虚拟世界中还拥有完整运行的社会和经济系统。数字世界的体量与复杂程度将远超物理世界。长远地看，政府需要对数字世界的监管治理进行提前谋划和研究。

7.1.2　数据流通与要素价值新赋能

目前，我国正围绕数据从资源化、资产化、资本化的培育过程，开展数据新型基础设施、数据运营机构和数据交易场所等核心枢纽的建设，努力构建统一协调的公共数据运营管理体系，完善数据要素交易规则和监管机制，建立协同高效、安全有序的数据要素流通体系，培育和丰富数据要素市场，推动数据资产的开发利用和数字经济发展。

未来，随着大数据、区块链技术和联邦学习、多方安全计算等技术的发展成熟，基于实时计算及实时数据仓库的预测分析、策略指导等前沿技术将深入应用。数据确权、流通溯源和安全利用的技术障碍将逐步被打破，数据安全和信息保护的相关法律法规将逐步完善，数据无障碍流通将逐步成为现实。有了数据流通与信息安全的保障，政府数据将越来越开放。政府将大量基础性、关键性的数据最大限度地开放，让社会充分利用，激发创新活力，创造公共价值。通过开放数据，政府部门可以通过与数据利用者的合作来提供公共服务，从而建立一个政府应用的生态系统，让企业、社会组织和公民个人等各种社会主体利用政府开放数据来进行创新应用。

7.1.3 信息安全与隐私保护新体系

随着各类新型信息安全技术的逐步成熟和商业化应用，构建保障信息安全和个人隐私的健壮型数字政府正成为可能。一是自主技术创新正在进一步加强，从而保障数字政府从 IT 底层的基础软硬件到上层应用软件的全产业链的安全可控。特别是在底层芯片、操作系统、高端数据库、基础应用软件方面，国产自主安全平台正逐渐成熟并应用。二是面向未来的新型信息安全技术，例如，量子通信、隐私计算、区块链等新的技术正成为重要的发展方向，并不断有新的研发成果涌现。因为量子的不可复制性，量子通信非常适合传递加密信息，保障传输安全。隐私计算技术可帮助解决数据利用问题，实现"数据可用不可见"，有利于保护个人隐私和机密信息，也有利于破解数据不愿给、不敢用等难题。区块链技术可用于构建可信协作网络，实现数据全生命周期的管控。隐私计算与区块链技术相融合，将为实现数据价值共享提供新的技术路径和解决思路。三是国产商用密码算法和信息安全等级保护测评正逐步落地应用。国产商用密码算法将使我国各级政府信息系统在身份识别、安全隔离、信息加密、完整性保护和抗抵赖等方面进一步提升安全性。

第 2 节　重构——新未来需要新变革

数字政府是优化营商环境、推动社会经济高质量发展、增强群众获得感和幸福感的重要抓手和引擎，是实现国家治理体系和治理能力现代化的战略支撑。未来，我们要针对数字政府改革建设中的问题和挑战进一步创新求变，大胆尝试探索，从构建普惠高效型、整体协同型、智能精准型政府的角度来重新进行理论探索和理念创新，重构政府运行新模式。

7.2.1　构建普惠高效型政府：助力政务服务能力提升

在过去几年的数字政府建设中，各地各部门按照国家要求推进"互联网＋政务服务"建设，针对企业、群众办事的痛点、堵点，探索出"数据多跑路、群众少跑腿""一网通办""不见面审批""秒批"等创新服务方式，为建设普惠高效型政府奠定了良好基础。下一步，要推动政务服务向基层延伸，将服务下沉作为突破口，让企业和群众办事更便利、更快捷，在镇（街道）、村（社区）基层服务中心提供政务服务和自助服务，将数字政府的一体化行政服务能力向镇（街道）、村（社区）的"最后一米"延伸，实现基本公共服务均等化、普惠化、便捷化，让基层群众特别是边远山区群众"办事不出门、就近办、身边办"。此外，要充分利用大数据和人工智能技术，进一步推动政务服务由被动向主动优化，由人工向自动拓展。政府要以个人画像和企业画像为基础，以企业和群众为中心，更智能、更人性化地感知群众、企业的政府服务诉求，从而提供更及时、准确的主动服务。

7.2.2　构建整体协同型政府：推动资源集约统筹配置

构建整体协同型政府要解决政府各行政层级、各部门之间的分割，实现业务流程优化再造、资源共享和跨部门网络化业务协同。其中，统筹共建是推动整体协同型政府建设的关键之一。具体而言，数字政府需要在统筹共建政务云、政务网、政务大数据中心等基础设施的基础上进一步实现公共业务能力统筹。同时，通过连通各应用专题和各级城市运行管理平台，集约提供融合通信、人工智能、可视化能力，实现一体化的资源调度、指挥联动、监督管理等，提高政府协作能力，减少数字政府重复投资成本，提高政府信息化建设集约化能力。此外，要加大机构改革力度，切实实现政府内部行政、财政、人力等相关资源跨部门、跨系统、跨地域、跨层级的重新配置和统筹调度。数据的无障碍流通有助于政府的组织架构变革与业务流程再造，要通过数据集中和共享，推进跨层级、跨地域、跨部门的数据融合、系统融合、业务融合，推动"一网统管""一网通办""一网协同"等一体化数字政府体系建设，最终建立一个整体协同型政府。

7.2.3 建设智能精准型政府：提高领导决策预判能力

数据是政府科学决策的重要依托。随着大数据时代的到来，政府积累了海量的信息和数据，数字决策逐渐发展成为政府决策的新方式。通过对各类互联网数据、政务公开数据、第三方研究数据等的融合和分析，进一步通过人工智能等手段，提供城市运行态势感知诊断，从而增强政府在应急管理中的精准决策与风险应对能力，为数字时代的政府科学决策和社会治理提供强大支撑。

要积极建设并发挥"领导驾驶舱"系统作用，综合运用大数据、人工智能、互联网等技术，对经济运行、市场监管、社会治理、生态环保、能源革命、教育医疗、就业养老、社会保障等领域政务活动进行实时监测、直观呈现、深度研判，实现政府决策的科学化，形成"用数据对话、用数据决策、用数据服务、用数据创新"的数字政府治理新模式，为领

导层提供"一站式"决策指挥服务，全面提升各级各部门精准决策与风险应对能力。

要构建统一的指挥调度管理系统，建立集"感知—分析—服务—指挥—监察"五位一体的智慧型管理指挥运行体系，对各类事件进行精准预测、智能感知、自主派单、高效管理、快速决策、应急响应，实现人、车、物及事件的可视化一张屏指挥调度，提高日常业务及应急事件的指挥调度能力，提升城市事件管理和集中力量解决突发问题的能力，实现城市管理服务能力的统一管理和统筹调度。

参考文献

[1] 习近平.习近平谈治国理政[M].北京：外文出版社，2014.

[2] 习近平.习近平谈治国理政（第二卷）[M].北京：外文出版社，2017.

[3] 习近平.习近平谈治国理政（第三卷）[M].北京：外文出版社，2020.

[4] 习近平.习近平谈治国理政（第四卷）[M].北京：外文出版社，2022.

[5] 梁文谦，肖恒辉，莫宏波.政府数字化转型的路径探索——广州市数字政府改革建设实践与成果[M].北京：人民邮电出版社，2021.

[6] 王益民.数字政府[M].北京：中共中央党校出版社，2020.

[7] 张建锋.数字政府2.0[M].北京：中信出版传媒集团，2019.

[8] 国务院.国务院关于加强数字政府建设的指导意见[A/OL].（2022-06-06）.

[9] 中共中央办公厅，国务院办公厅.国家信息化领导小组关于我国电子政务建设指导意见[A/OL].（2002-08-05）.

[10] 国务院办公厅.关于加快推进政务服务"跨省通办"的指导意见[A/OL].（2020-09-29）.

[11] 国务院办公厅.关于建立健全政务数据共享协调机制加快推进数据有序共享的意见[A/OL].（2021-02）.

[12] 中华人民共和国中央人民政府.中华人民共和国国民经济和社会发展第十四个五年规划和2035年远景目标纲要[A/OL].（2021-03-12）.

[13] 广东省人民政府.广东省国民经济和社会发展第十四个五年规划和2035年

远景目标纲要[A/OL].（2021-04-06）.

[14] 浙江省人民政府.浙江省国民经济和社会发展第十四个五年规划和二〇三五年远景目标纲要[A/OL].（2021-02-05）.

[15] 工业和信息化部.云计算发展三年行动计划（2017—2019年）[A/OL].（2017-04-12）.

[16] 广东省人民政府.广东省"数字政府"建设总体规划（2018—2020年）[A/OL].（2018-10-26）.

[17] 广东省人民政府.广东省数字政府改革建设"十四五"规划[A/OL].（2021-06-30）.

[18] 广东省人民政府办公厅.广东省数字政府省域治理"一网统管"三年行动计划[A/OL].（2021-05-25）.

[19] 江苏省人民政府办公厅.江苏省"十四五"数字政府建设规划[A/OL].（2021-08-31）.

[20] 陕西省人民政府办公厅.陕西省数字政府建设"十四五"规划[A/OL].（2021-10-27）.

[21] 山东省人民政府.山东省"十四五"数字强省建设规划[A/OL].（2021-07-17）.

[22] 上海市人民政府办公厅.上海市城市管理精细化"十四五"规划[A/OL].（2021-07-28）.

[23] 中共上海市委办公厅，上海市人民政府办公厅.上海市城市运行"一网统管"建设三年行动计划[A/OL].（2020-04）.

[24] 浙江省人民政府.浙江省数字政府建设"十四五"规划[A/OL].（2021-06-04）.

[25] 北京市政务服务管理局，北京市科学技术委员会，北京市经济和信息化局.北京市政务服务领域区块链应用行动计划（2020年）[A/OL].（2020-02）.

[26] 国家信息化领导小组.国家电子政务总体框架[A/OL].（2006-03-19）.

[27] 住房和城乡建设部.城市信息模型（CIM）基础平台技术导则 [A/OL].
（2020-09）.

[28] 广东省人民政府.广东省数据要素市场化配置改革行动方案[A/OL].
（2021-07-05）.

[29] 国务院办公厅电子政务办公室.省级政府和重点城市一体化政务服务能力
调查评估报告（2022）[R/OL].2022.

[30] 世界银行.2020年营商环境报告[R/OL].2020.

[31] 国家发展改革委.中国营商环境报告2020[R/OL].2020.

[32] 中华全国工商业联合会.2020年万家民营企业评价营商环境报告[R/
OL].2020.

[33] 北京市政务服务管理局.政务服务领域区块链应用创新蓝皮书（第一版）
[R/OL].2020.

[34] 联合国.电子政务调查报告（2022）[R/OL].2022.

[35] 中国区块链技术和产业发展论坛.中国区块链技术和应用发展白皮书
（2016）[R/OL].2022.

[36] 中国电子工业标准化技术协会.区块链电子签章参考架构：T/CESA
1128—2020[S].北京：中国标准出版社，2020:12.

[37] 全国信息技术标准化委员会.信息技术 大数据 大数据系统基本要求：
GB/T 38673-2020[S].北京：中国标准出版社，2020:4.

[38] 全国信息技术标准化委员会.信息技术 大数据 数据分类指南：GB/T
38667-2020[S].北京：中国标准出版社，2020:4.

[39] 全国信息技术标准化委员会.信息技术 大数据 存储与处理系统功能测试
要求：GB/T 38676—2020[S].北京：中国标准出版社，2020:4.

[40] 全国信息技术标准化委员会.信息技术 大数据 计算系统通用要求：GB/T
38675—2020[S].北京：中国标准出版社，2020:4.

[41] 全国信息技术标准化委员会. 信息技术 大数据 政务数据开放共享 第1部分：总则： GB/T 38664.1—2020[S].北京：中国标准出版社，2020:4.

[42] 全国信息技术标准化委员会. 信息技术 大数据 政务数据开放共享 第2部分：基本要求： GB/T 38664.2—2020[S].北京：中国标准出版社，2020:4.

[43] 全国信息技术标准化委员会. 信息技术 大数据 政务数据开放共享 第3部分：开放程度评价： GB/T 38664.3—2020[S].北京：中国标准出版社，2020:4.

[44] 全国信息技术标准化委员会. 物联网 信息交换和共享 第1部分:总体架构: GB/T 36478.1—2018[S].北京：中国标准出版社，2018:6.

[45] 全国信息技术标准化委员会. 物联网 信息交换和共享 第2部分:通用技术要求: GB/T 36478.2—2018[S].北京：中国标准出版社，2018:6.

[46] 中国通信标准化协会. 智慧城市数据开放共享的总体架构: YD/T 3533—2019[S].北京：人民邮电出版社，2019:11.

[47] 全国信息安全标准化技术委员会. 信息安全技术信息系统密码应用基本要求: GB/T 39786—2021[S].北京：中国标准出版社，2021:3.

[48] 全国服务标准化技术委员会. 政府热线服务规范: GB/T 33358—2016[S].北京：中国标准出版社，2016:12.

[49] 全国服务标准化技术委员会. 政府热线服务评价: GB/T 33357—2016[S].北京：中国标准出版社，2016:12.

[50] 中国信息通信研究院.数字政府发展趋势与建设路径研究报告（2022年）[R/OL]，2022.

作者简介

　　莫宏波，先后在南开大学、中国信息通信研究院和北京邮电大学获得本科、硕士和博士学位，并分别在中国信息通信研究院、中国科学院微电子研究所、珠海华发集团、广东省电信规划设计院有限公司从事信息通信技术研究和项目实施工作，现任广州市黄埔区、广州开发区智慧城市建设技术总监，参与过广东省、广州市、珠海市、汕尾市、无锡市等多省市的智慧城市、数字政府顶层设计和项目建设，曾任全国智能建筑及居住区数字化标准化技术委员会委员、中国科学院大学硕士生导师、无锡市智能工业产业协会会长等。具有10多年智慧城市和数字政府领域研究和项目经历，累计发表论文20余篇，申请专利15项，同时是10余项国家、行业标准的主要起草人，曾作为专家参与欧洲电信标准化协会、中国通信标准化协会、国家物联网基础标准专家组、全国智能建筑及居住区数字化标准化技术委员会、国家智慧城市标准工作组、广东省政务服务数据管理局等组织的工作。